第十封信 · The Tenth Letter

# 生活不在他方，在街上

「就是要住在這樣的一條街上啊！」

一次和朋友談及，每日送孩子上學、採買事物、散步走路……等平日生活，都在住家附近的一條街路來來去去，像是沒有離開過的無盡重複時，睿智的友人一句話點醒了我。

這條U形街路，與城鎮大路連接，一端從菜市場延伸出小吃、食材採買店鋪，接著進入學校、圖書館、公園等區域，末端聚集許多餐廳吃食店後續接回大路，由此街路延伸的眾多細小巷弄便是住宅區。

而我知道轉進哪條巷子，可以遇到夏季才出攤的產地直送綠竹筍；知道有個社區種了滿街櫻花，春天要記得散步去賞花；也知道穿越哪條巷弄可直通河濱廊道、遛小孩；啊，還有學校後門的人行道，會有台流動攤車以每季出現的頻率，把街道布置成藤製家具展……

這些固定的、季節變動的、臨時的街道變化，組合交織出日常生活瑣碎，而後續寫成有著記憶點的年年歲歲。原來，生活一直走在街上，落在每個大小城鄉中。

主編　董淨瑋

# 合歡小記

*in* 南投仁愛

# 時刻 MOMENT

說來汗顏，這是我們全家第一次上合歡山。雖然帶著小孩爬山好幾年的時間，卻始終沒有上到任何一座百岳。第一次到達海拔3000公尺以上的高山，沿途山景果然令人震懾。

我們走在主峰的稜線上，強風不時吹來，有幾度連大人都被吹得舉步維艱，小孩倒是很知道要躲到草叢裡避風，或是直接路倒在草上休息。

路上，觀察山壁邊許多因高山氣候低矮生長的小花草時，小孩驚喜發現橘紅色的高山懸鉤子，立刻採了幾顆塞進嘴裡。這些野果是在山徑間行走時最美味的滋養，當然前提要確認是可食的。

走回武嶺時，氣溫只剩下10度，快凍僵的我們快步躲回車上，檢討這次保暖沒有做足。即使合歡主峰在百岳中只是散步等級，保暖這件事還是不能輕忽。不過，我們也總算實踐了第一座百岳，準備計劃下一座山！

**盛琳**
bibieveryday主理人，在與小男孩和小女孩的日日生活中持續修煉著。

**Evan Lin**
攝影師、策展人、兩個孩子的爸爸，穿梭在工作與生活中的多重身分。

# 和東北季風到蘭嶼

*in* 蘭嶼野銀

「猴子（我的外號），這週日有一個蘭嶼的採訪要不要去？」

「酷……好呀！」

爽快答應後開始查資料，才發現10月份的東北季風強烈，要去一趟蘭嶼不如想像中容易，往返的飛機和船班常因氣候不佳而停開，完全無法事先安排掌握，這次能順利抵達只能說是幸運被老天爺順手帶過去。

在島上的時光好像身處在縮時攝影中，天空雲彩快速而多變，眼前的小蘭嶼一下子被烏雲吞沒，緊

接著往我這追來，嚇得我騎上機車快跑，但怎麼來得及躲過……冒雨回到民宿後換上乾衣服，不一會兒又出了個大太陽，10月的蘭嶼真是有個性啊！

我把握不多的時間，繼續騎車繞島，羊群的出現讓我停下腳步，牠們吃草、走路或坐下睡覺，有車路過也只是悠閒靠邊，這群動物如此自在安定，讓我驚覺自己匆匆來去、波動不安的內心，是因停留時間短又想走訪每個地方，卻忘了慢下來；多虧這群羊把我從縮時裡拉回來，調整呼吸，回到好好感覺這座島的狀態。

場景
SCENES

**林靜怡**
宜蘭頭城人，現居花蓮壽豐，住在被山林擁抱和溪流洗滌的地方，與四隻狗二隻貓一起生活，創立「大樹影像」是希望能為被攝者留下些什麼，並讓世界溫暖一點。

# 武士道的精神場所

*in* 高雄鼓山

時光倒流回到15歲時，在周遭鄰居的回憶裡，只要每到週末，就會有一個小男生穿著深藍色道裙，拎著快比自己大的包包穿越大樓中庭，準備前往小男生心裡的第二個家。

那是約莫有200坪木地板的挑高鐵皮屋，夏天很熱，冬天超級冷，無論進出都得向場所行90度鞠躬以表敬意，背景音樂是永遠的日本太鼓，我在這個家渡過了好幾個暑假寒假，一直到當兵期間都還會回到這裡，沒有任何人的逼迫，單純是我自己想待在這樣的場所裡，一個能讓我學習如何成為武士的劍道館。

在台灣，講到最賦有日本傳統意義的武道場，莫過於曾經在各行政單位都有建設的武德殿，以培養當時軍警武藝來維持治安的基礎建設，除了現今台灣人較熟悉的柔道與劍道，有部分甚至還有弓道。

這天我專程來到位於高雄鼓山區的武德殿，一直都知道這裡仍有劍道訓練的課程，負責人是「宮本武藏」所創的「二天一流」唯一海外第11代傳人陳信寰，除了授課老師擁有相當大的名氣，我也想親自到場感受這棟仍以原始功能，再持續利用的傳統建築。

當我脫下鞋子，小時候培養的習慣直接反應上來，「向正面致敬」——是一種對這個空間與建築本身的尊敬與謙虛。但若想感受真正的武道建築，是無法以肉眼看的，因為其精髓是腳下的木地板，雖然不太清楚鼓山武德殿是否仍像新化武德殿一樣保存「彈簧地板」，但只需要輕輕踏步，就能感

建築
BUILDING
觀看 的
SIG

受到地面給予的力量回饋與回音，當下我很想馬上換護具在這裡揮舞竹劍，這可是相當難得的機會！

因為這跟一般家用鋪設的木地板有著天壤之別，裡頭包含許多符合劍道踏步及柔道摔技的保護工法，一般訓練場皆因成本考量，多數是無法達到吸震效果的地板，有的甚至直接是水泥地；比賽也考量到人數關係，必須借用大型的木地板環境，例如室內籃球場等等，但向上與向下的力量邏輯當然有著完全不同的工法。如今我仍有機會赤腳踏上武德殿，或許就是日本武道者最幸福的基礎。

劍道在我心裡是永遠的存在，雖然中間曾經逃離過，因為出社會的總總，間斷了十多年沒有勇氣再拿起竹劍，每年都給自己一樣的新年新希望，終於在２０２１年年初，終結說了好多年的「明年一定要回劍道館」，回到我心裡最想持續的武士道。

**邱家驊**
躲在恆春十餘年的影像人，拿著釣竿就住海邊，不時也爬進山裡砍柴玩石頭。攝影是工作更是生活，快門之前是積累的日常感受，快門之後將消化成未知的養分，回饋給自己。

建築

BUILDING

# 在口簧琴裡，獲得沒有對錯的自由

*in* 南投埔里

捕捉轟轟，簡單也難，持續在旅途中的她，緣份到了，自會出現。

認識轟轟是在某個活動市集，那時的她是仁義堂堂主阿葆（見地味手帖NO．00）的弟子，跟著到市集實習推拿，也擺攤推廣與販賣口簧琴。攤位上擺著五花八門各式各樣的口簧琴，有的金屬有的竹製、有翅膀形狀也有像漏斗的，來自匈牙利、奧地利、蒙古、柬埔寨等，那是她在世界各

圖片提供／轟轟）

人 PERSON

處旅遊拜訪琴師所得。

轟轟平常有種天然呆感，說話直率而跳躍，卻也常常當機傻笑。但彈奏口簧琴的她，卻像是另一個人，小小的口簧琴，在她不同嘴形、舌頭角度、嘴唇碰觸面積所形成的小小共鳴世界裡，發出變化萬千而巧妙的聲響。

口簧琴對轟轟來說，不只是樂器，更是一把打開人生的鑰匙。

轟轟從小在南投埔里生活，就連大學都就讀離家很近的暨南大學，台灣的內地滋養著她，也讓她對外面的世界更加好奇。於是從高中畢業開始，她每年就送給暑假生日的自己一樣禮物——出國旅行，對旅行的嚮往，也一路推著她前進。

念口譯所期間，轟轟到波蘭當交換學生、在當地教華語，這是她第一次去到一個完全語言不通的國家生活，當她發現可以靠教華語活下去的時候，「我覺得安全了，我可以放下所有對穩定工作的執著。」轟轟找到人生解法，於是她發願要教華語環遊世界。

2017年在義大利旅行時，朋友送她一把匈牙利的金屬口簧琴作為生日禮物，那時的她連口簧琴這三個字都沒聽過，只覺得這東西就像一個開罐器，直到朋友彈奏給她聽，「哇，像萬花筒一樣的聲音耶！」就此，墜入與口簧琴的命定之中。

她就近請教南投附近賽德克族的口簧琴專家，也決定到蒙古旅行、學習口簧琴。但口簧琴無法寫成譜，而是靠著「ㄉㄨㄞ」「ㄧㄩ」這些不同震動的聲音組成樂曲，所以轟轟只能不斷瞎子摸象地嘗試彈奏出與老師相同的樂音——沒有譜也沒有標準，這跟她過去學音樂的經驗很不一樣，也讓她非常挫敗。有時老師甚至會帶她到河邊，「你聽河流的聲音（轟～～轟～～），你去感覺河流的聲音（轟～～轟～～），現在請你把這聲音做出來。」過程中的茫然與不知所措，一度讓轟轟懷疑遇到詐騙集團。

幸好她並未輕易放棄，慢慢掌握到吹奏訣竅的她，開始練習不同國家、不同材質與形狀的口簧琴。某次她在蒙古的婚禮表演台灣竹簧

圖片提供／轟轟）

琴，彈奏結束，一位蒙古老婆婆前來告訴轟轟，她們小時候牧羊每個人都會帶著一把竹簧琴，但80歲的她已經很久沒有聽到這個聲音，「我的琴還留著，但我的手已經沒有力氣拉了」，並請轟轟再彈奏一次。

這讓轟轟突然有了強烈的連結，「口簧琴不只是一個樂器，如果它被忘記，是整個世代的記憶被忘記。」於是她對口簧琴的態度也由原本的好奇心，慢慢轉變為責任感。她辭掉華語老師的工作，成立「簧呼旅人」粉絲頁，辦音樂會、開工作坊、做演講分享，讓更多人認識口簧琴。

轟轟說口簧琴就像她的老師，「我們從小到大的學習過程裡，都會有一個譜、一個貝多芬、一個周杰倫，一個DoReMi的音準，沒在那裡就是出錯、就是不夠好。」口簧琴卻教會她關於聆聽、關於沒有對錯。「過了一個點，我才發現，那個就是自由。」

**邱承漢**
高雄人，喜歡拍照也喜歡寫字，更喜歡真誠的人，育有一狗兩貓。2011年將外婆起家厝改建為叁捌地方生活，用幽默感及設計參與社區，過著返鄉但持續流浪的生活。

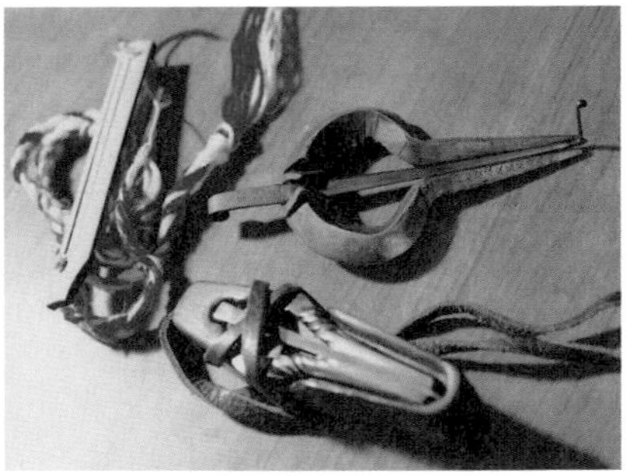

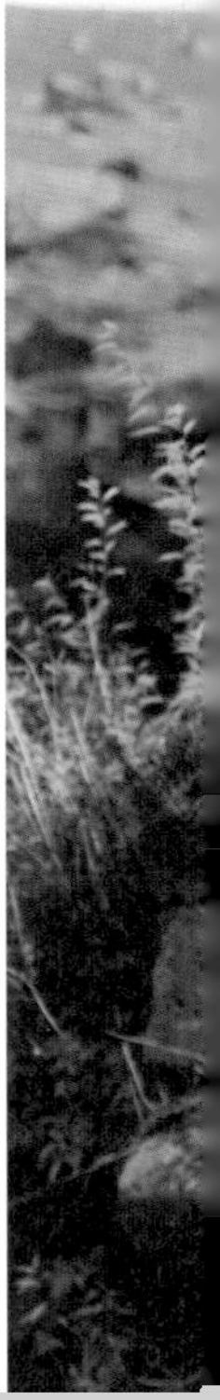

# 目 Contents 次

我們的產品
我們的佐料
泡菜 一罐 100
油蔥 一罐 110
內用區
秤斤區
外帶區

永興文具

## *Sight* 觀看的視線

## *Another Life* 另一種可能

## *Inside of Place* 走進地方



## *Grow From Land* 和土脈脈

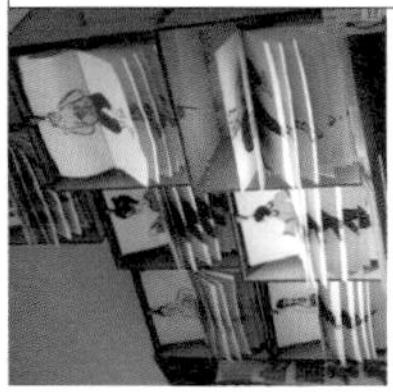



## *Connection Online* 國際連線

街區，是一座城市的想像與實驗，
是一地鄉村的發展原型，
也是一個人步行可及的生活範圍。

人們在街區採買、吃食、走晃，
日月穿梭，把街走成了回憶、基地和生活。
一起從城市、鄉村至個人，由大至小的視角，
探看街區與人的關係，如何形塑當地最適切的生活風景。

# 街區一直在

## 地方生活感的來處

**連振佑**

中原大學地景建築學系副教授，台灣大學建築與城鄉研究所博士。提倡社群協力營造社區，努力促成Place-making、地方再生，以Temporary Urbanism理念促進空間分享；致力以參與式規劃設計手法，邀請關係人共同邁向協議、自治及共享的生活環境。

**侯志仁**

美國華盛頓大學地景建築系教授，加州大學柏克萊分校環境規劃博士。主要專業領域涵蓋社區設計、城市共生與公共空間，著有《城市造反：全球非典型都市規劃術》、《反造城市：台灣非典型都市規劃術》、《反造再起：城市共生ING》。

**施佩吟**

原典創思規劃顧問有限公司副執行長，畢業於台灣大學建築與城鄉研究所。2009年起陸續透過不同的實驗行動，發展多樣態社群網絡計畫，包括羅斯福路沿線綠點營造、Open Green打開綠生活、社區交往等計畫串聯。共同邁向協議、自治及共享的生活環境。

# 在交換中，描繪街區理想的形狀

文字整理—王巧惠　插畫—Hui

在城市出現以前，我們先有了街區。在裡面吃飯、走路、做夢，像是一席席流動的饗宴。不同的街區在各種時空條件的影響下成形、變異或消解，深耕於城鄉發展領域的觀察者、研究者與行動者，在此間挖掘街區的價值，參與地方的擾動，看見人的活動。當他們談論各自與街區的交往，也描繪出街區理想的形狀。

**——請三位先談談，如何定義或思考「街區」？**

我操作過的街區主要都是在台北市，它們有很多不同的發展脈絡，可能是因為聚落的紋理，或是後來商業區的劃定，或是學區、交通、公共設施，甚至是產業發展出來的街區。

我自己的理解是街區會有一個主要性，這個主要性產生的人文或活動會支持出一種中心性，中心性裡面有一種秩序感，為生活提供一些相對的關係，去支持周邊各種脈絡生成的聚落發展。

從都市規劃或都市設計的概念來看，街區基本上是以「街」為紋理的一個都市空間的單元。它的各種活動主要都是在街上，而且傳統的街區是一個適合步行的環境，它的尺度就是走得到的距離。街區是城市發展的一種原型，街道是組織整個空間的媒介。

我想到的街區比較像是「街仔」（台語ke-á），就是「踅街」（台語seh-ke）這件事情。

街區不一定要滿足某種物理的條件，它可能是都市計畫意義下的街廓，但在真實生活中，它是一個因為商業活動而聚集的地方。這又和現在的商業區不太一樣，街區比較有人情味，它指的可能是一個社會交往的範圍，不一定等於都市計畫或物理上的邊界。

我會堅持街區還是要有物理環境的特質與條件。美食街挪用「街」的概念去包裝它的商業行為，但它是街區嗎？我覺得不是，它缺乏公共性，街應該是一個開放的場域。

**——「街區」從過去到現在的功能性，有何演變？**

就像我剛剛談到的，街區我會從比較早期的市街談起。街區是過去的聚落裡最先所謂「都市化」的地方，它支持整個聚落的物資交換，但不像現在都是消費流行的商品，舊的街區以民生需求為主，也有一些小道消息的交換。

**街區是城市發展的一種原型，**
**街道是組織整個空間的媒介。**

現在的街區比較抽象，或者可以說是相對脫離人際交往，走向單純的商業交換。所以即便有電子街或婚紗街，但它重新召喚的是全台北市對某個物質的想像，引導到某個物質交換的需求，它不再是一個人情味交流的地方。

因為我平時在國外時間比較多，台灣街區可能比較接近連老師所講的，有質性的轉變，國外我覺得有更多實體的轉變。像美國早期城市大部份還是以街為單元，郊區化之後，人變成以車代步，購物就去Shopping mall，街就在生活中消失了。

當然台灣也有這種空間的轉變，像是一些集合式住宅，要過一個門關才能進入內部空間，居住的單元和所在的街區就比較沒有直接的交往。

這讓我想到我現在住的林口新市鎮，它讓我明顯感受到從生活中長出來的街區正在消失。這裡完全落實以功能性進行人為劃分的街區型態，什麼餐飲一條街、補教一條街，它以一種集中性將街道的尺度拉大了，街區就失去了原有的可及性。以前上街要買什麼都走得到，現在必須到特定的街區才能買到特定的商品，這不太符合人性。

**——「街區」在城市和鄉村扮演的角色和定位，有何異同？**

在鄉村，如果是散村，基本上就沒有街這件事。當然散村和城市之間還是會有一些城鎮型的街區，散村居民也會上街買賣，但這種街區和他們的日常生活有著空間上的距離。

但我覺得還是要看鄉村的尺度，散村也可能是主要的聯外道路上，有碾米店、小型雜貨店等等，形成一條獨一無二的街道，這是散村可以支持出來的街區。

就我在埔里生活的經驗，它那種獨一無二的街道感並不明顯，而是幾條不同類型的主要街道，例如打鐵街、菜市場等，構成一個小型街區，去支持周邊的聚落或產業。

鄉村的街區也有很多種，有些是小鎮，有些在交通動線上，有些是政治或信仰中心，像我居住的大甲街仔，就是在鎮瀾宮周邊長出來的。街區應該是一個活動密集度比較高的區域，裡面有不同的業種，老闆之間互相認識。佩佩提到的「○○一條街」某種程度上壓抑了街區的多樣性和複雜性，我們在創造街區的時候失去了什麼？那個什麼怎麼被召喚回來？或許我們還沒找到答案，但我覺得那是一個重要的暗示。

從我的角度來看，街區本來就是一個城市的概念。剛剛講的大甲或埔里，對比台北我們可能會覺得是鄉村，但它們其實都是早期的城市。

我倒覺得可以用「街區是否可以代表一個城市」來區隔，街區是鄉村中的「城市」，城市是由各種不同的街區所組成。鄉村中的街區就是整個鄉村的濃縮，例如鹿港之於彰化有它的代表性。但城市不是這樣，一個街區不足以代表整座城市，每條街都有各種細微的差異，像是永康街比較商業化，麗水街有文青商店營造慢活感，青田街充滿綠樹和日式宿舍。城市裡的街區基本上就是指涉特定的族群和活動，然後產生相應的認同感。

**——請就各自經驗，談談接觸過的街區種類，能否分類其屬性？**

我總覺得有一個重點是「交換」，可

**街區是鄉村中的「城市」，城市是由各種不同的街區所組成。**

以從這一點帶出不同的類別。

有些街區是對內的，它的交換對象比較清晰，交換目的也比較落地，例如大甲街兩頭都是傳統市場，所以在我的認知裡，這整條街的交換就是民生物資的交換，它的聚集就是在地人的聚集。有些街區開始變得複雜，像大溪老街或鹿港，變成在地人想吸引外地人，外地人又想看見在地的街區性格。有些街區例如婚紗街或相機街，它對外有一個清楚的自明性，但它交換的對象和目的，卻是飄忽不定的。

分類有很多方式，可以是層級的分類，也可以是地方認同的分類。就屬性來看，例如民生社區是居住型的街區，迪化街雖然是商業街區，早期的商業性質跟現在又不太一樣，溫羅汀又是另外一種形式，這也是一種分法。我倒沒刻意想過街區的分類，不過平常大概知道看歷史建築要去哪裡，看底層社會環境要去哪裡。當我想帶朋友或學生去看某些特定的城市空間，不同的街區就會自然從腦海中的地圖浮現。

我自己是分「自然生成」、「人文生成」、「社群生成」三類。

加蚋仔（今台北南萬華）早期有六個庄頭，專門種植茉莉花供應給迪化街，形成一個交易聚落，東園街就是聚落的中心。它以新店溪的地理資源支持出一個傳統農業聚落，聚落再支持出一個主要商業活動的街區，這是一個典型的自然生成。

溫羅汀是人文生成的街區，它由台大周邊的獨立書店、Live house或咖啡廳支持出一種人文氛圍，形塑它的街區性格。

社群生成更有機一點，比較是一個一個的生活圈。像印尼街、緬甸街這種移民工聚集而成的街區，需要有了解他們的活動或文化的人去指認，才會知道疊加在我們普遍認知的街道之上，還有社群生成的街區存在。

佩佩講得很好，「生成」是一個滿不錯的

字眼！比如說台北市的發展可能當初是一回事，但後來有很多東西在過程中又慢慢長出來，也許是一個族群、一個產業或一種生活，街區可以有很多不同的生成方式。

**——各自曾以何種方式，陪伴或參與街區再造的現場？**

「小柴屋」的案例雖然微小，但給我的衝擊還滿大。一開始我們發現台北竟然還有木材街、打鐵街，這裡的師傅是設計產業加工、打樣重要支持機制。除了促成外人看見這個產業街區，我們也想讓街區裡不同的社群、在地人或店家，有機會看見彼此。後來在保安路上發現一間長期荒廢的破屋，這裡竟然還有這種屋子、庭院、人行道、街道層次分明的空間，人來人往很容易去打招呼、去認識，我們就借重街區師傅的技術改造成小柴屋，邀請各種社群和行動進駐。「柴寮仔」的故事在過程中慢慢被當地人談起，小柴屋成為街區裡可以自然聚集又發散的一個節點。

我想到比較早期的桃園新民老街改造，街區在時間的催化下可以產生很多變化。這條街上有老屋、有美食店、有很多生猛的元素，要一體適用地想像如何改造，其實很不容易。我覺得街區再造就是要有時間和耐性，還要向當地學習。我們設了一個駐地工作室蒐集改造意見和街區情報，慢慢摸熟這條街。因為政府標案的限制，最後主要是做鋪面、雨遮、水溝蓋的改造，2008年完工後我曾聽過批評的意見，我覺得這也很好，表示有人在關注這個地方。現在有年輕人在做桃園舊城導覽，街邊上也開了咖啡廳，我們所做的或許點了一把火，引發更多年輕人在這裡活動，讓老街不斷往前。

我講個更久遠的案例，在台灣第一波社造中，我負責宜蘭五結的利澤簡。這條老街因為有冬山河的運輸優勢，早年相當繁榮。但當時的實際空間已經看不出來，大部份居民也都在外地工作，很難做所謂的街區再造。我們

**街區再造就是要有時間和耐性，還要向當地學習。**

**真正的議題從來就不是空間，真正會活起來的是街區裡人與人之間的關係。**

想了很多方法，後來把重心放在地方慶典的再造。

這裡每年元宵節都會舉辦「走尪」（台語tsáu-ang），雖然是一個很有歷史的慶典，但因為是宮廟活動，居民大多只有看熱鬧的份。我們結合學校參與，也有夫妻協力競走的另類走尪活動，讓老街原有的傳統宗教慶典，變成一個更多人同樂的創意活動。

這個案例並不是硬體或產業的改造，它是一種認同的改造，讓街區和生活可以更融合。

**——請分享國內外，精彩的街區想像和行動？**

通常我們參與擾動之後，會希望街區長出自發性行動，加蚋仔就有這種演進。

前期我們找來在地音樂文化工作者——勞動服務，用節慶式的廟埕演唱會、唸歌遶境，連結年輕人對家鄉的認同。後來台大城鄉所的學弟妹成立「好加在工作室」，重新梳理加蚋仔的價值。在專業性的介入之後，有一批年輕人組成「六庄文化發展協會」，為當地學校做街區導覽，最近也設計實境遊戲，重現這條老街支持的百年聚落生活。

嘉義溪口老街大家可能比較不熟悉，這幾年許芳瑜老師在這裡駐地輔導，逐戶拜訪、盤點裡面的網絡關係，2020年開始「溪計畫」的行動。他們把採訪故事結合當代美學手法，例如在老相館前用攝影棚的意象做為時空體驗的入口；將街區原本很生活性的部分，例如打陀螺、尪仔鏢等傳統遊戲，變成展演性質的呈現。我要強調活動不是只有表面的熱鬧，前期有很多綿密的準備工作。

就像侯老師的「走尪」，軟體才是活化整個空間的核心。溪計畫和新民老街原本都來自景觀空間改造的專業者及其起心動念，最後我們發現真正的議題從來就不是空間，真正會活起來的是街區裡人與人之間的關係。

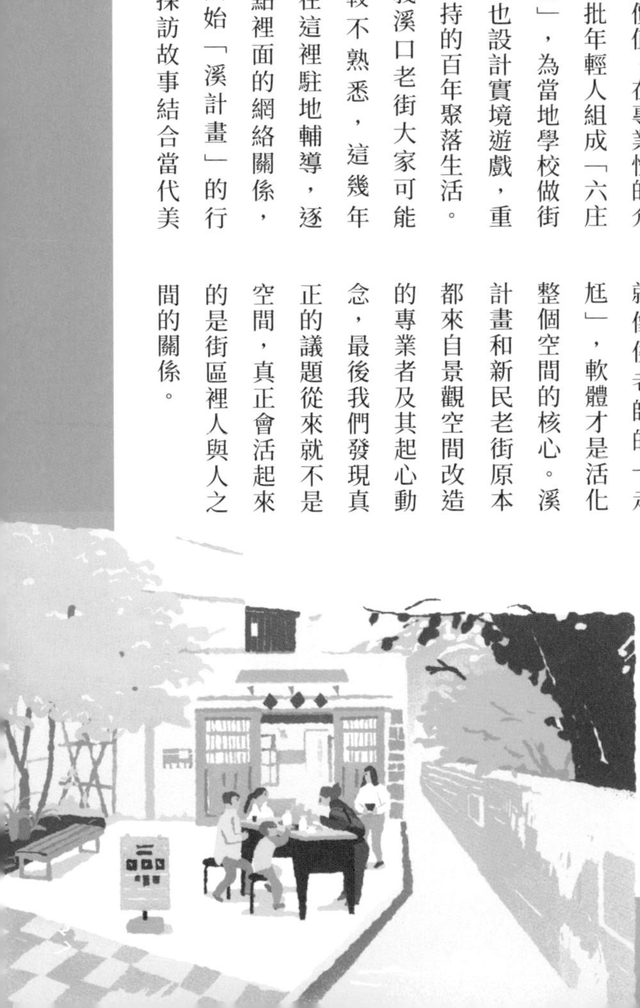

那我講自己在國外的案例。西雅圖國際區是一個亞裔的歷史街區，有很多老建築和不同族群的居民。因為1970年代美國城市開始郊區化，20年前我們進場的時候，這裡已經是一個頹敗的社區，族群間爭執不斷，資源也不足以支撐大型改造。所以一開始，我們選擇介入尺度比較小的空間，推動過程相對容易，像街道綠化、小型公園改造，後來才有大一點的社區公園擴建之類的案子。過程中我們和當地團體合作，也協助成立新的組織IDEA Space，透過這些組織爭取更多經費和資源，讓街區事務可以常態性推動。幾年下來街區有非常大的轉變，有更多元的店家進駐，有在地開發商投資住宅改建，當地團體也開始有自己的行動，把一股新的活力帶進來。

我們目前所思考的街區，還是以平面性、街道性為主的2D概念，但未來可能有越來越多的垂直和立體化。東京SHIBAURA HOUSE把街道元素融入垂直性的空間，創辦人伊東勝認為街道上就是要有像公園一樣的開放空間，像家一樣溫暖的活動，像社區一樣具有認同感。這樣的未來性街區，將是一種認同的匯聚。

——**認為理想的街區環境，應具備哪些元素**？

就剛剛的幾個案例來盤點，一個理想的街區會有它的紋理、尺度，和既有的人際關係。最好能有街區組織，像佩佩說的六庄；有專業者的參與，例如連老師講的嘉義溪口的案例。這些都是成就一個理想街區環境的主要元素。

人情味是我第一個會想到的，在多重的社會網絡裡面，有非常多樣的行動者，這些行動者用比較傳統街區的說法，會有雞婆、阿信之類的角

**理想的街區就像夜市，允許任意加入或離開，允許試誤的實驗行為，允許出其不意的使用。**

色。裡面會有很多熱情的節點，交織出複雜的關係。街區的複雜性是必要的，因為單一就會無趣，只能競爭類似的消費者。街區會從硬體、行動和人物的種種細節，發展成許多故事，豐富將來被寫下的歷史。最後，裡面必須有交換，而且是各式各樣的交換，這也和前面的元素互相解釋，行動者之間有策略或目標的交流，節點之間有資訊的交換。

如果要具象談理想的街區，我覺得就像逛夜市發現這裡多一攤雞蛋糕、那一攤豬血糕沒加香菜，街區的流動性和變化性是不斷發生中的，而且往往會帶來意料之外的驚喜。

街道不只是一個線性的空間型態，它所指涉的產業、歷史或社群等等的活動，發展出多樣的生活，這個多樣性來自於許多使用是暫時的。還有侯老師說的開放性，理想的街區就像剛剛舉例的夜市，允許任意加入或離開，允許試誤的實驗行為，允許出其不意的使用，形成錯落的活動和空間運用。

開放性是一件值得討論的事。我們通常會希望街區是穩定的狀態，例如它的人際關係或認同，可是城市一直都在變。例如疫情當下，需要更多的人際互助，需要更多的開放空間，讓居民透透氣。我們如何看待一個街區的轉變，街區如何去回應這些新議題，我想這是一個滿有趣的課題。

**——最後，請分享各自生命經驗中「自己的街區」。**

我從小在新店惠國公有市場長大，對街區的最初印象就是那樣的環境。那裡類似一個城中城，一樓是傳統市場，二樓是住家，我天天都會穿過市場回家或串門子。我媽當年懷著我北上到舅舅的水果攤工作，很多原鄉親戚也在這做生意，這樣的經驗養成我容易和人自然熟的性格。

當代社會常講公共空間佔用或公安問題，但對當時的我來說，生財器具堆出攤位外，小孩在通道邊擺桌子寫功課，都是平常的生活樣貌。惠國市場現在被認定是危險建物，只剩下周邊和巷子裡有攤販。

其實我家不在大甲街仔，在我小時候要經過一條有樹有河蜿蜒的巷子，我會上街看中藥房師傅踩藥船，到雜糧行把豆子弄亂，沿著店鋪的騎樓漫步。後來大甲街周邊的巷子一條一條不見，都市計畫的道路一條一條打開，拆掉我小時候會經過的老房子，我常爬的樹、抓魚的小河都沒有了……

我覺得我的身體感消失了，不是找不到熟悉的店家，而是那些新的、棋盤狀的街道，摧毀了我的身體移動經驗。或許有些人認為這是一種懷舊或鄉愁，但我並不這麼認為，我覺得是身體經驗的不見，那真的是非常可惜的事情。

我的故事跟連老師有點類似。我小時候住在台北的八條通，以前的條通和現在完全不一樣，是一個單純的住宅區，我在那邊出生，一直住到國小五、小六年級，大部份童年都在這條巷子裡，條通就是我的全世界。那時候巷子裡有好幾個同齡的小朋友，只要在巷口喊一聲，所有的朋友都會下來玩，這裡就是我們的遊戲巷。

大約是１９７０年代中期，隨著台北的發展，路上車子越來越多，條通也變得不太一樣。有一天我的朋友在巷子裡被車撞傷，後來我們就幾乎不在這裡玩了……不久後我家搬到東區，東區巷弄不像條通那麼好玩，回想起來滿像電影的剪接換場，街道的轉變，連接著我童年的結束，以及一個世代的落幕。

# 街區小百科

## 街區與社區

街區在都市計畫中指涉由街道、建地及建築群所組成的區域，社區則被文化部定義為「一群人居住／生活在同一區域範圍內，彼此間有共同的利害關係，並有共同的意願和行動去改變某些不滿意的現況。」

當談論街區，有時是商業街區、歷史街區、產業街區等具特殊意義或價值的區域，有時則以在地者為主體，往社區的概念偏移。台灣的生活型態多為住商混合，街區和社區的範疇時有重疊。施佩吟認為街區有一定的商業性，而社區是以人文及情感為主角；連振佑則稱，近年社區也在地方創生的脈絡下積極創造產業，兩者並無明確的界定。街區的廣義性，使之涵納多元樣貌，橫跨都市計畫、社區營造乃至文化資產等領域。

## 街區再造

相較於「都市更新」（Urban Renewal）以重建、整建或維護空間為主的運作模式，「都市再生」（Urban Regeneration）更傾向延續城市原本的紋理，以各種手法活化既有場域的機能，以及內裡的人際網絡。「街區再造」正是在此脈絡下，跳脫街道的硬體整建思維，發展出具地方性、社會性的行動，藉此激活街區裡的公共意識。

台北市在「Open Green打開綠生活」系列計畫的支持下，打造出小柴屋、南機拌飯、芒果香草園、古風小白屋、河神的丸子等街區據點。藉由社群打開新的公共空間，引發社區居民討論與參與，突破既有的空間使用與群體想像，成為共創生活圈的起點。

## 社區交往

「社區交往」一詞由SHIBAURA HOUSE創辦人伊東勝提出，2017年他來台展開一連串「東京－台北」的社群對話。例如在小柴屋策劃「Sake Days日式清酒每天」，將日本的非正式生活文化帶進台北街道，為雙方醞釀新的靈感與行動。藉由社區內不同社群的交往，激盪出新的可能；而社區與社區之間的交流，也將長出新的視野。

2018年，在侯志仁、連振佑的召集下，邀請世界各地的城市行動者來台，展開國際性的社區交往（Way to Community）計畫。從社區、社群到人的關係網絡，構築進入社區的道路（way），梳理進入社區的方法（way）。

參考書目：施佩吟主編（2019），《社區交往：臺北場所創生紀實2009-2019》，台北市：行人文化實驗室。

2021年5月，台北萬華爆發嚴重的新冠肺炎疫情時，南機場忠恕社區地下一樓的「一碼IMMA」，和「芒草心」、「人生百味」互相想起了對方。一碼有空間，芒草心和人生百味募到的物資則正需要空間。

事實上，不只物資有了空間，自公共場所被驅逐的無家者、突然失業的勞工，都正好因為轉到物資站工作，維持住了生計。疫情巨大的壓力下能無縫接壤，展現的其實是南萬華地下盤生已久，橫向莖脈的修復力。

# 地下橫生的草莖，再生修復了人與街區

文字—邱宗怡　攝影—張國耀

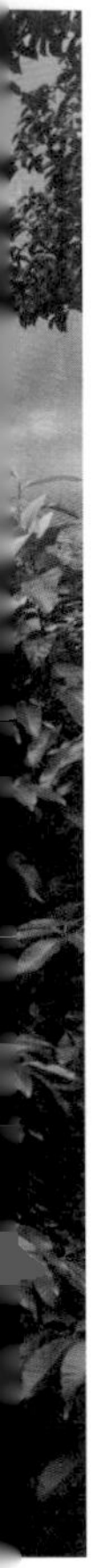

南萬華舊名加蚋仔，相傳是凱達格蘭語的「沼澤地」，因為在新店溪沿岸，是漢民入墾台北盆地的第一站。或許從那時候開始，南萬華就註定了盆地邊緣的身世。

今天的西藏路以南、中華路以西到新店溪，延續日本時代的雙園町與馬場町，有西園、東園、青年三個分區。國民政府遷台後一度將馬場町作為軍用飛行場，而有了南機場之名，並在中華路到萬大路中間區域，陸續興建大量眷村。

及至1960年，南機場周邊已聚集軍人眷舍將近千戶；中南部北上的城鄉移民，在眷村周邊及河灘地上搭建棚屋；八七水災後北上謀生的災民，也大多落戶在南機場一帶。因此，根據都市發展資料，1960年代南機場四周已經成為當時候全台灣最大的違建聚落。先天邊緣體質的南萬華，自然不敵歲月催老，成為今日全國老舊公寓密度最高的街區。

## 一碼村，地底冒出的生態系

中華路與西藏路交叉口的忠恕社區，便是1970年代為安置拆遷違建戶所興建。50年來，建物與住民都因難以向上流動更趨邊緣，地下室在國軍福利站撤出後，一度只有垃圾堆積、流浪貓狗出沒。

2016年，黃芳惠帶著一

**1** 每週志工會定時運用公共空間帶長者運動。 **2** 建於50年前的南機場公寓，隨著老舊越趨邊緣。 **3** 相互連結支援的NGO，為街區帶來陪伴與力量。

群年輕人成立「地下社造勞動合作社」，在忠恕社區地下室經營起「南機拌飯」，與附近NGO如「人生百味」、「社區實踐協會」等串連協作，慢慢在街區累積能量。例如跟附近市場菜販合作，將沒賣完的菜帶來基地，讓居民下樓領菜，並協助分發給無法下樓的居民；或者共煮共食，製作便當發送給獨居住民。當

4

時，「綠點點點點」團隊將小白屋基地發展出的「小家電維修站」經驗帶過來，也成為每月一次的街區固定活動。

2020年底南機拌飯因接力困難結束，黃芳惠與「原點創思」、萬華在地NGO們討論，重新整頓能量，承租忠恕社區最大間的地下室，邀集更多團體進駐，撐出更大的互助再生空間：「一碼村」。擴大運轉看似逆向操作，其實正是為了生產出莖脈橫生、而能自行穩定演替的「街區生態系」。

進駐團隊之一，原點創思的吳婷婷形容：「原本我們各自是單一力量，可一旦群聚，冒出來的樣子就無法想像，類似植物相，天外飛來什麼，就又長出新的樣貌。空間如果只有一個人撐，人走，空間就空了，但現在空間只是平台，每個人都可以來這裡生長。」

**NGO、職人與居民，互通有無互相成就**

黃芳惠認為，一碼扮演的關鍵角色在於串連媒合，「社區裡有人想付出，有人需要工具，有人需要協助。職人、藝術家來到社區想付出，而弱勢者的陪伴過程孤單費力，我們就媒合彼此、提供空間，做社工或陪伴者的工具與後援」。社區實踐協會的社工李柏祥與一碼有類似思維：「很多工作面向我們會連來連去。例如協會空間不大，辦活動滿常使用一碼空間，也因為這樣的空間，NGO們彼此連結協作，案家們也有機會與更多人認識。」

「我們邀請NGO陪伴的個案成為我們的工班，像一碼的油漆、木工都是無家者做的」，黃芳惠說，「提供實質經濟支持之餘，我們也能跟他們產生持續的連結。」原本機構一對一的扶助關係藉此輻射出多向連結，弱勢者被穩固網絡護托，陪伴者也能在協力支援中，走得更遠。吳婷婷更進一步指出傳統受助過程中可能存在的異化，「單一方案或許只能勉強找到不擅長的工作，拖著疲憊身軀，身心拉扯。來到這裡，不只單一團體能提供工作機會，整個網絡拉開空間，人就能有選擇。」

機構思維的方案服務，在這裡漸漸被還原成生活網絡與社區關係的重建，所謂個案，便也能逐漸找回其社區居民的主體位置與能動性。

## 能選擇、創造，甚至分享的空間

一般想像中，台北市似乎很難做社造：「人們流動快，里長接觸得到的、有選票的，通常是房東，不住在社區；反而住在社區的年輕人、工作者，無法為他們自己的權利發聲。」要改變這個制約，唯有創造新的經驗，黃

**4** 一碼所有東西皆捐贈再製，物與人都可再獲生機。
**5** 黃芳惠與吳婷婷以一碼為平台，與社工李柏祥合作。
**6** 越南小吃店成為社區姊妹聚會與學中文的空間。

芳惠指出改變的機制，「當居民發現社區有地方可以待、小家電壞了有人可以幫忙修、待業時仍有臨時工機會，會慢慢相信自己能選擇、能創造，甚至能分享，對自己的權利便更敢於發聲。」甚至，居民的歷程可以從接受服務，卻因為跳脫對價關係，而願意相信「這可以是一份關係」，且自己「有選擇的自由」，進而主動回饋與付出。

進駐一碼村的大水溝二手屋店長張貴智觀察到，過去幾年累積的活動確實為南萬華帶來一些攪動，「每次辦活動，參加的一百多人中，至少一半是在地人，住附近或至少在萬華。」他相信這些攪動能幫助街區民眾思考南萬華的更多可能性，而不再只有「要不要都更」、「什麼時候都更」這樣窄化、單一的想像。

## 想像街區，想像南萬華

什麼是街區？若拿這個問題問陪伴拾荒者的五角拌工作者王品涵與施舜仁，由於近身體會過社區的賤斥與排除，他們不免省思，「一般認為傳統農村雞犬相聞很好，但比起價值單一、規矩整齊，我更期待街區能允許差異，讓更多元的事情在裡面發生」，施舜仁這麼思索。

陪伴街友多年的張貴智則因看到萬華確實容納各樣的人，而仍感到萬華的包容。相較於家族世

7

居的文山區，「親戚住附近不聯絡，街頭遇見也不會打招呼，回到家就關起門來」，他無法不回問自己：住在附近就是街區嗎？回去睡覺的地方就是家嗎？

「在萬華，人們會願意去認識生活在周遭的人」，張貴智語帶溫柔地說，「我認為這才是街區」。

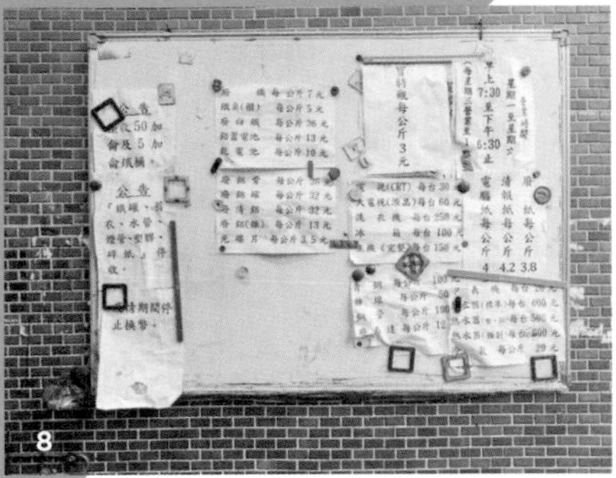
8

9

**7** 每到傍晚，綁滿回收物的腳踏車陸續湧入回收場。 **8** 即便滿載，秤斤論兩換到的一日所得仍只是零錢。 **9** 自捷運站興建，鄰近老舊建物便陸續遭到拆除。

## 社區實踐協會

2008年，輔大社工系「社區資源與運用」課程以萬華新安里做為社區工作學習與實踐場域，自此學生們就開始一屆屆，以社區社工之姿加入新安里。李柏祥是當時因課程來到社區的學生之一，從組織學生社團到後來成立社區實踐協會，十幾年的時間，他深深蹲進了新安社區的街巷裡。

新安街坊共同的困境大抵來自貧窮，樓房單位很小，但租金便宜讓經濟弱勢能棲身於此。常見的問題包括失業、單親、孩子得不到足夠陪伴照顧，社區實踐協會因此設計許多陪伴孩童、支持家庭的計畫。例如與大水溝合作，每週五晚上帶孩子們到一碼學習家電修繕；媒合失業或待業的媽媽到大水溝或一碼工作；與開越南小吃店的新住民媽媽合作經營「越窩越好」空間，除聚會、辦活動之外，更邀請萬華社大來開設中文班。

「只要有空間，在人們中間、在社區裡面，大家就有機會攜手合作，不管你是協力者還是居民」，李柏祥說。十多年來，或許不知覺間，撒下的草籽早已生長出細細密密的莖脈，強韌地撐出新安里居民才能看見的一方遼闊。

\ ORG /

## 在地活躍

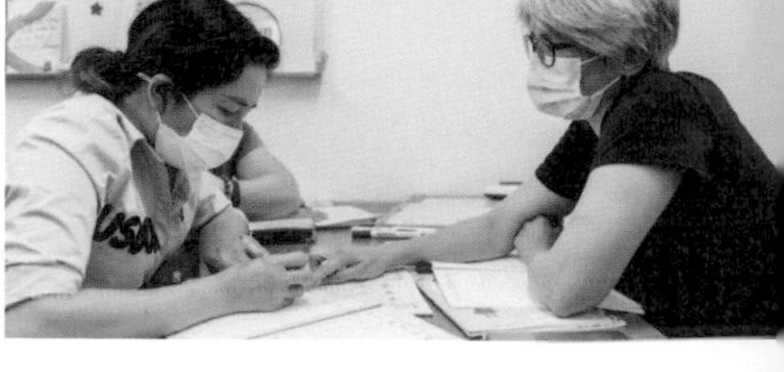

## 大水溝二手屋

大水溝店長張貴智大學時就有在一個地方扎根的渴望，於是四年前加入人生百味陪伴街友，當黃芳惠想做一碼村、人生百味和社區實踐協會提議來做二手店時，便欣然擔起店長責任，與夥伴一起培力、陪伴單親媽媽，作為單親媽媽的準備性職場。

曾經以為在一個地方扎根得要去農村的張貴智，現在發現，原來在一碼做的事就是了，「我感覺我越來越算是這裡的一份子」，儘管因此他會看到外人無法察覺的，因為捷運興建正發生的改變，但在都更浪潮襲來之前，他選擇讓自己像空間一樣，安穩開放，以允許累積成「仍然能夠包容的，未來的萬華」。

## 五角拌

現在市面上流通的零錢已經沒有五角，如此突破想像下限的微薄，卻是拾荒者的現實。原南機拌飯空間一隅，如今是陪伴拾荒者的五角拌的「實驗室」，兩個小區域，一個佈置了展板，說明回收產業現實與回收者生活，另一則安置一張大桌，讓人能輕鬆圍坐。五角拌試圖在空間裡發生三件事：1.友善回收：以市價三倍價格收寶特瓶；2.讓回收者在此休憩；3.面向大眾辦解說與體驗，消解因陌生滋長的污名。

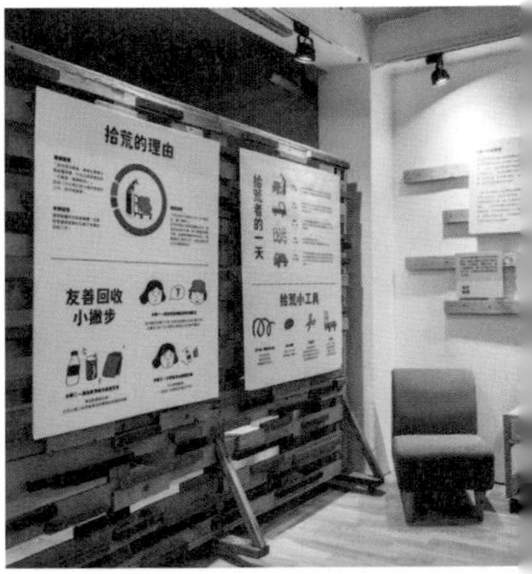


8月初空間才開始營運，在此之前，工作者施舜仁的說法是：「去回收場外堵，土炮搭訕法」，而且「這次遇見了，下次不知何時能再遇見，關係要建立非常困難」，主責第一線搭訕的王品涵解釋，「被排斥久了他們很防備，十位裡大概只有一兩位願意稍微聊一下。」

有了空間之後就可以把人留住，三倍回收價是很好的誘因。然而，差異懸殊的生命經驗，讓陪伴不是容易的事。王品涵時常面臨回收物參雜垃圾的信任考驗，直到某次，因為陪伴對方被社區鄰居斥罵，突然理解了拾荒阿姨對她說的：「我做這個工作的人，人家說什麼我就只能接受，人家給我垃圾，我只能接受；人家說我是垃圾，我也只能接受。」

這樣的五角拌，終會攪動出，願意直面與理解真實世界裡所有難堪與髒污的、更溫柔的南萬華。

一個秋日午後，在台中車站前，人們聚集於橫跨綠川的新盛橋旁，各自費了心思打扮成不同形象，準備漫遊昔稱「鈴蘭通」的中山路，隊伍中，有日本舞踊老師西川淑敏所率領的專業團隊，也有同好會性質的素人表演者。

緩步穿梭在人群間，「中城再生文化協會」理事長蘇睿弼，彷彿看見了1920年代於中城生活著的人們的身影與笑容，重疊在鈴蘭通散步納涼會的參加者身上，並微微泛著如家戶門前懸吊的鈴蘭燈般，溫暖的希望光暈。

# 彙集很多好點，就能變成希望

文字、攝影—施清元

## 橫跨一百年的理想都市樣貌

雖然並非生長於此，但散步於早晚向陽的中區街廓裡，已成了蘇睿弼的每日習慣。從台中車站到第二市場、從台中公園到台中州廳間各約800公尺，步行15分鐘的範圍內，整齊劃分為一個個90平方公尺方格的都市計畫，源於19世紀末技師威廉．巴爾頓（W.K Burton）的藍圖，並在後來被日本人實踐。這個「15分鐘城市」（註1）順利成為政經、文教、娛樂、休憩皆宜的綠園街區，也巧妙地與當世後疫情下的人們，重新思考合宜生活範圍後，所提出的理想相吻合。

到了戰後，人口迅速成長，除了聚集在綠川、柳川畔的吊腳樓，現代主義合理與效率的建築語彙，漸次取代昭和洋樓的裝飾美，奔馳的房車，輾過前人的足跡，房價飆漲，道路淤滯，中區不再是悠閒散步天國，居住品質開始變化。

於是近代在私人運具的普遍，以及政策大筆的圈畫下，人們紛紛將住居以及產業移動到重劃區，而無情奪走64條人命的衛爾康西餐廳大火，除沉痛地突顯中西區房舍的老舊，以及因產權複雜而難以都市更新或升級消防設備的現況，更是加快了都市擴張，與舊市區空洞衰退的速度。

21世紀初，中區的店面租金已不到全盛期的十分之一，曾經華美且乘載許多夢想的百貨，徒剩褪色空殼，跟一張張鮮豔的出租告示形成強烈對比。直到2011年，

1

**1** 柳川古道邊，閒適的居民。　**2** 近年頗具人氣的庶民美食集結地：第二市場。　**3** 在打卡名點之餘，宮原眼科其實也帶來了契機。

冰淇淋店「宮原眼科」的開幕、走紅，情況似乎才開始有了變化。

## 滾動式的經營，讓機會滾進來

當時蘇睿弼任教於東海大學，於隔年接下台中市政府為期一年的再生企劃案，利用有限的經費與自掏腰包，將舊第一銀行整理為能面向公共對話的據點空間「中區再生基地」，並設定三大任務，除了提供地方導覽資訊（前後發行了十餘期體裁不一、充滿驚喜與實用資訊的《大墩報》）、經營社群團隊、發掘地方議題外，最重要的是「閒置空屋的調查與媒合」。

然而，就算中區房租走低，卻也沒低到讓每一位年輕的創意工作者們能輕鬆承租，這時蘇睿弼想到的是：「滾動式經營」。例如宮原眼科，原本建照能夠蓋12層商業大樓，但在當時的中區，顯然是風險過大的投資，因此最後縮小開發規模，轉而力求細節，讓80年的老建築，流瀉出魔幻光芒，取得成功經驗、試過水溫後，才再開了分店「第四信用合作社」。

**4** 南夜咖啡室及同時期輝煌的藍天飯店（與樓下洪瑞珍並存）。
**5** 富有地方導覽任務、每期體裁與主題不同的《大墩報》。
**6** 蘇睿弼站在他努力想翻轉的都市輿圖前。

「如果我們租不起，那，不然用借的吧」，這樣的大膽思考，最終讓鬼才藝術家王水河21歲時的設計作品，同時也是許多老照片中曾出現的南夜咖啡室（COFFEE HONOLULU）得以再現璀璨。曾作為歌舞廳，而後荒廢多年的該館，在再生基地的媒合下，中興大學學生以打掃的勞力，換取了短期展出權利，而展出的話題性，則引來了或許從未留意過此處的金主，進而決定買下，並整修門面，現已重回當年落成時的洗鍊大氣。

公家計畫雖然結束，往後數年活動仍持續進行，相似的媒合案例散落於中區各處，蘇睿弼相信，曾經的社會殘餘能夠變成社會積累，很多好的點（good dot），加起來，就會變成Goodot，也就是再生基地名稱中使用的梵文：希望。

## 從基地，到協會

到了2016年，事情有了些許變化。北部科技業工作30年的陳冬梅，回到台中，原本買了一棟中山路的房子想自住，但在參與再生基地的活動後，「覺得人生的下半場應該要做點什麼」，而決定要開店。這樣的轉念，讓蘇睿弼看見了新的活水，前幾年目光都放在年輕世代上，然而若真的想要翻轉中區，那麼四、五六年級生的資源和參與，肯定不可或缺，於是，才有了「中城文化再生協會」的誕生，目前成員約60幾位，包括後來真的

7

開了養生料理店「味無味」的秘書長陳冬梅。

從基地到協會，中心思想不變，當寶雅本要在68年歷史的華南銀行建物上掛桃紅招牌時，協會最早出來在網路發聲呼籲業主三思；為了讓人重溫當年「緊密城市」（Compact city）用腳體會生活的樣貌，協會舉辦了鈴蘭通散步納涼會。活動禮盒的內容物，以中區老店為主體，如陳允宝泉（註2）或是華泰咖啡，在扶植年輕品牌之餘，蘇睿弼說「希望能設計一些方式，讓忙碌的老字號們也能共同參與」，使對於中區的關心與想像，可以更加豐潤，更加多元。

最近，憑著之前媒合企業與「中央書局」、讓其找回昔日文化重鎮風采的經驗，協會也幫忙「南園大酒家」順利籌措資金，並修復成氣勢軒宇的二層木造餐館，踩在微發出嘎吱聲的原件木梯上，不禁要想像與以前經常闔家來此（前身為精養軒）用餐的林獻堂先生，並肩上樓的模樣了。

訪談的最後，與蘇睿弼一同登上產權糾紛中的千越大樓，不動產業者無法碰觸到的孔隙裡，有許許多多思緒的種子在萌芽，化做主張強烈的噴漆藝術。看著眼下的中區，離人們使用便捷的大眾運輸或步行，體會表情豐富且綠意盎然的街市風景，還需要不少時間與努力，但散發迷人光芒的店家與團體，若是能持續積累下去，那麼繁星點點的夜晚，終將能降臨在這曾籠罩在夕陽餘暉裡的街道。

**註1** 巴黎市長伊達爾戈（Anne Hidalgo）在2020年提出了15分鐘城市作為政見主軸。

**註2** 陳允宝泉商標使用「宝」字而非「寶」。

8

9

10

**7** 在新盛橋的橋柱，可發現當年流行的鈴蘭圖騰。
**8** 經過協會出面呼籲，而終於保留原始面貌的華南銀行。
**9** 成為巨大畫布的千越大樓。
**10** 甫修復完成的南園大酒家，仍保留了許多原件木構。

\ ORG /

在地活躍

## 繼光工務所

前身為兼具住家與店面功能的帆布工廠，在業主離開後，飄搖於風雨間。透過基地的媒合，建築師賴人碩與吳建志利用半年時間，整理這35坪大小的空間，並希望藉搬遷來中區的動作，整理工作與生活的步調及平衡。

一樓為開放的租借空間，提供展演、聚會等交流功能，路過時，許多人正圍著一張大桌，和樂共餐，幾面落地大窗，讓以往被視作後巷的空間，也能灑進自然陽光。二樓則集結了多位建築師的事務所，但所與所之間沒有牆壁，醞釀創意的空氣流通其間，讓緊迫且工時長的建築師生活，能稍微得到喘息。其開放共享的設計理念，更在2018年得到台灣室內設計大獎TID評審特別獎。

## 綠川漫漫

常說「每一座偉大的城市，都有一條偉大的河流」，然而2014年夏天，「綠川小旅行」的參與者第一次走下河道旁的階梯，欲與綠川近距離接觸時，濃烈的氣味，讓成員們紛紛卻步，嘆息之餘，也有許多對這條河流的憐惜，因此，幾位小旅行的「旅伴」，決定在同年9月，成立環境倡議組織「綠川工坊」，並以「綠川漫漫」的粉絲頁開始對外發信，並且在10月舉辦了第一次的淨川行動。

除了以實際行動，穿著雨鞋走下綠川撿垃圾，更希望透過環境教育，邀請站在岸上觀望的人們，也能以不同形式，一同參與綠川的水質、環境的改善。他們的行動，得到同處中區的民族路長老教會的認同及大力協助，想要好好照顧這條河川的心思，慢慢滲進沿岸的土壤，讓綠川河畔，一點一點，找回它該擁有的綠意閒適。

## 寫作中區

引申其網頁的抬頭：「以文史記錄與文化行銷台中市舊城的每一刻」，因有感於外地遊客在造訪了宮原眼科、第四信用合作社後，卻不知道中區還有哪裡可逛，再加上認為近年慢慢茁長起來的社造與青創，值得更好的包裝與行銷，因此提筆，開始書寫關於中區的前世今生。

懷抱著身為老台中人的回憶，不忍一幢幢街屋慢慢凋零，「寫作中區」透過時地景的編織，以及勤奮的社群軟體發文更新，每每在茫茫網海中，捕撈出一段段珍貴的鍵盤口述回憶。

## 逃亡計畫 Escape Plan X

曾經是中區繁華的最大象徵，1979年竣工的綠川商業大樓（後更名為千越大樓）是當時站前醒目地標，引領過如迪斯可、冰宮、KTV等流行風潮，然而一場惡火後，便荒廢至今。2017年，「逃亡計畫」團隊開始用一罐罐鮮豔的噴漆，活化這已死寂20年的空間，畫布沒有框架的限制，因此裡頭的塗鴉藝術作品，風格更為鮮明，構圖更加怒張，並且吸引眾多影像工作者、嘻哈音樂，以及滑板文化愛好者到此，找到互相理解的知音。

五年來，大樓的修繕派與拆除都更派紛爭不息，團隊決定暫時離開，也許再回來時，千越大樓已拉皮為華美大廈，或重建為商辦複合酒店，不過許許多多奔放的青春夢，會一直留在這一代台中年輕人的心中。

**不僅是「三街六巷九宗祠」，也是「生老病死一條街」，如時光凍結在百年前。**

當決定搬到新埔時，所有的朋友都發出驚嘆號與疑問句：「哪一個新埔？是北埔吧？新豐嗎？還是新北？」都說是新埔呢，嘀咕後發現，原來新埔這個地名在台灣至少有四個！這裡要說的是新竹縣新埔鎮，舊地名「吧哩嘓」的地方，文史記載新埔鎮的漢人開墾紀錄可追溯到270年前，是僅次於新竹竹塹古城發展的客家庄。

搬家前得找房子，還一定得到現場找，因為新埔鎮的網路租屋資料少得可憐，這個現場只能鎖定新埔鎮發源第一街「中正路」開始！主街中正路，短短的2.5公里，加上平行兩旁的成功街、和平街，想要閒暇步行卻目不暇給：街區集中了市場、廟宇、政府機關、學校、宗

新竹｜湖口

# 在百年時光，定錨自己的根

文字、圖片提供｜Peggy Ju

祠家廟、數十家粄條店、百年老店等，不僅是「三街六巷九宗祠」，也是「生老病死一條街」，如時光凍結在百年前……而租屋資訊，公告在斷垣殘壁上、公車站、市場口、店家信箱旁，用紅紙黃紙，歪斜的寫上屋主自租的字樣。

車子初進新埔，就注意到這裡是個令人有點在意的「風水寶地」，從地圖俯瞰，新埔小鎮被微笑的鳳山溪圍起來、背靠山丘，完全符合風水學傳說的「玉帶水」。山坡地上一區區井然有序的墓地、以及中正路街上高密度的宗祠與家廟，共榮共生了兩百多年，反讓我覺得這是新埔居民自在地與祖先共居的光明磊落。

新埔的人們熱情且有秩序，這

跟家族宗祠的集中很有關聯。大家都知道有名的「義民祭」，然而另一個重要的「天穿日」則在農曆年後，身為新住民的我們竟是在下班晚歸路上被封街才發現，此刻上千位男女老幼在街上踩街跳舞一整晚，盛裝隆重、鑼鼓喧天，後來我開始注意街口的公佈欄訊息，才知道整年度他們都為這兩個重要節日進行家族捐款、募集物資與祭典演練；而每個姓氏的宗祠家廟都有自行訂定的家禮與成規，家族關係緊密、家禮如儀、注重長幼倫理。雖然我們僅是跟一位房東租房子，卻等於被整個家族保護與照顧，社區安詳、治安良好。

乾冷的東北季風在新竹俗稱「九降風」，晒出新埔柿餅；新埔良田種出的米，造就百家新埔粄條與客家米食，這兩項風土產物都獨步全台。秋冬之際的新埔大街小巷全是黃澄澄的柿餅，也算是台灣果乾奇蹟；而以在來米磨成的米漿製成，含米量較高、較易斷裂，是新埔粄條的特色。

**市街做生意相對穩定，**
**新埔人相傳一句話「上街買賣」。**

中正路號稱「粄條一條街」，整個街區的粄條店超過50家，居住在這裡每日輪番到一家粄條店、當作研究的田野調查也可以樂此不疲。這些比鄰而近、密度超高的粄條店各具特色也各顯神通：湯乾炒拌、厚薄粗細、含米量差異的口感；油蔥比例、辣椒醬配方、客家桔醬、發酵酸醬、豆鼓蘿蔔乾酸菜再任君搭配，主食搭配醬料、加上小菜乘以50家，應需要三、五個月的時間明辨差異與特色。

新埔市街位於土牛溝與番界之

間的沖積平原上，四周亦是客家人居住的廣大丘陵地，族群衝突事件相對較少，是清領時期少數沒有設置官隘的地方，做生意相對穩定，形成貨物流通的腹地。新埔人相傳一句話「上街買賣」，意指百年前遠從山坑而來的農民，用籮筐與扁擔挑著收成，聚集在中正路老街買賣。新埔市集與當時竹東、竹塹（現新竹市北門街一帶）並稱新竹三大地區，交易的貨品主要為茶葉、蔗糖、樟腦、柑橘。

目前仍存在新埔街區的百年老店，已經與這些貿易歷史相差甚遠。我最常光顧的老店是「錦興豆腐店」，店的門面不大，卻生意興隆，多半以人力與傳統手法製作豆腐、豆乾、豆腐乳。環顧店內，吊

掛在牆、深色木製的豆腐模就是歲月與傳承證明；店內還存有一套百年前的動力磨豆設備。我們因為偶有種菜，也會到這裡買豆腐渣作為肥料。豆腐不受颱風菜價飛漲、缺水種菜影響，反而是日常菜桌上穩定的存在。

錦興的豆腐每日新鮮現做、價格實惠，初來乍到時，某日中午我請先生代買豆腐，他竟然站在門口十分鐘，看著所有店員洗刷地板後空手而返，隔日再去，才知道只要超過上午11點，幾乎已經買不到任何豆腐製品，我這才發現店裡沒有任何冰箱，可見真的是賣完為止。中午打烊關門後，就是「豆腐角」的曝晒時光，豆腐角是製作豆腐乳的前置

**歷經近百年的老街屋由在地居民保存下，至今良好仍可居住。**

作業，以鹽沾取、清晾兩個整天作為第一次發酵，這些豆腐角在收店後逕自曝晒在人行道上，直至明日凌晨3點，沒有人取碰。

來到新埔居住，飲食被徹底改變，人生此刻吃過最多米粉、粄條、柿子、柿餅，以及學會各式各樣的醃漬物、晒製物。縱然不會說客家話，但受客家族的照顧、族群文化的衝擊，至今仍引領我繼續探索新埔的客家文化、人文歷史、文獻記載等，樂此不疲。

而後，我們因租約到期關係必須搬離新埔，沿著美麗的縣道竹13，行經一窩窩的客家村落、一座座的丘陵茶園，尋來山的另一邊，到舊稱「大湖口」的湖口老街附近定居至今。

現在稱為「湖口老街」的街區由老街、橫街、新街組成，清末（1893年）因劉銘傳建設基隆到新竹間的鐵路，在此設置大湖口火車站，聚落人氣從當時的波羅汶移轉到大湖口車站，首先吸引羅家到新街開墾、建造房舍、開店做生意，後來其他家族跟進，尤其是吳家更造就一排「吳半街」。據說日本官方對立面建築有一定的規制，於是建造一排整齊的紅磚立面，以及寬闊的拱廊騎樓，讓雨天也利於貨暢其流。當時很快就形成竹塹與大嵙崁（現桃園大溪區）之間新的貨物集散地，亦設置政府機關如湖口庄役所、大湖口郵便局等。

後因考量地勢平坦、行車安全等因素，1929年鐵道北移、遷到現在的湖口車站，原本在大湖口做生意的店家紛紛搬到「新湖口」，在1893～1929年間紅極一時的大湖口，漸漸成為現今的「湖口老街」。短短的街區，從街頭的天主堂一路走到街尾

的三元宮，僅有300公尺，「老街三百步，弓廊六十連」，帶著遊憩的心情前來，熙攘熱鬧不比其他老街，如果是建築巡禮就大有看頭，歷經近百年的老街屋由在地居民保存下，至今良好仍可居住。

曾經上過李乾朗老師的古蹟課程，他稱讚湖口老街立面是建築學的活課本，湖口老街特有的拱圈、拱廊半徑特別寬大；每家的山牆、柱頭、匾額框、紅磚鏤空都不一樣；裝飾手法則有剪黏、老花磚、彩繪泥塑；圖案表現花果、人物、鳥犬、蟲獸等，天氣晴朗的上午時刻，迎東面的老街最是清澈美麗。

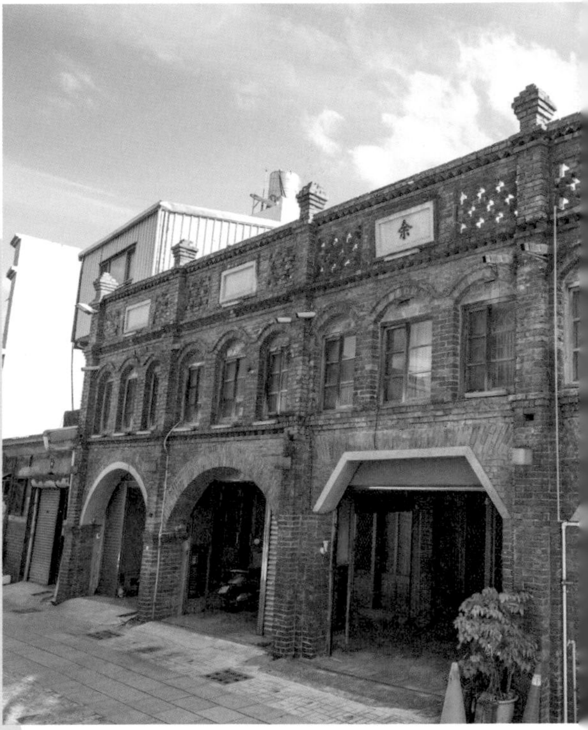


我的工作在新竹市舊城區，加上居住過的新埔鎮、目前居住的湖口鄉，這些街區不知道反覆踩踏多少遍，地景與產物豐盛著生活視覺、聽覺、味覺，在日月更迭下感覺安心富足。總會提醒自己不能過於習焉不察，那些引領我穿越時間的文史，是延續過去、承接當今，無論住在哪裡，依然是可以定錨自己的根。

**Peggy Ju**

台北人、新竹新住民，為了想要每天看到開闊的天空，搬到鄉間居住。一腳在書店、一腳在文史，於是在新竹舊城區開始經營「或者文史書房」，在街區散步、發現100種認識新竹的方式是現在的目標。

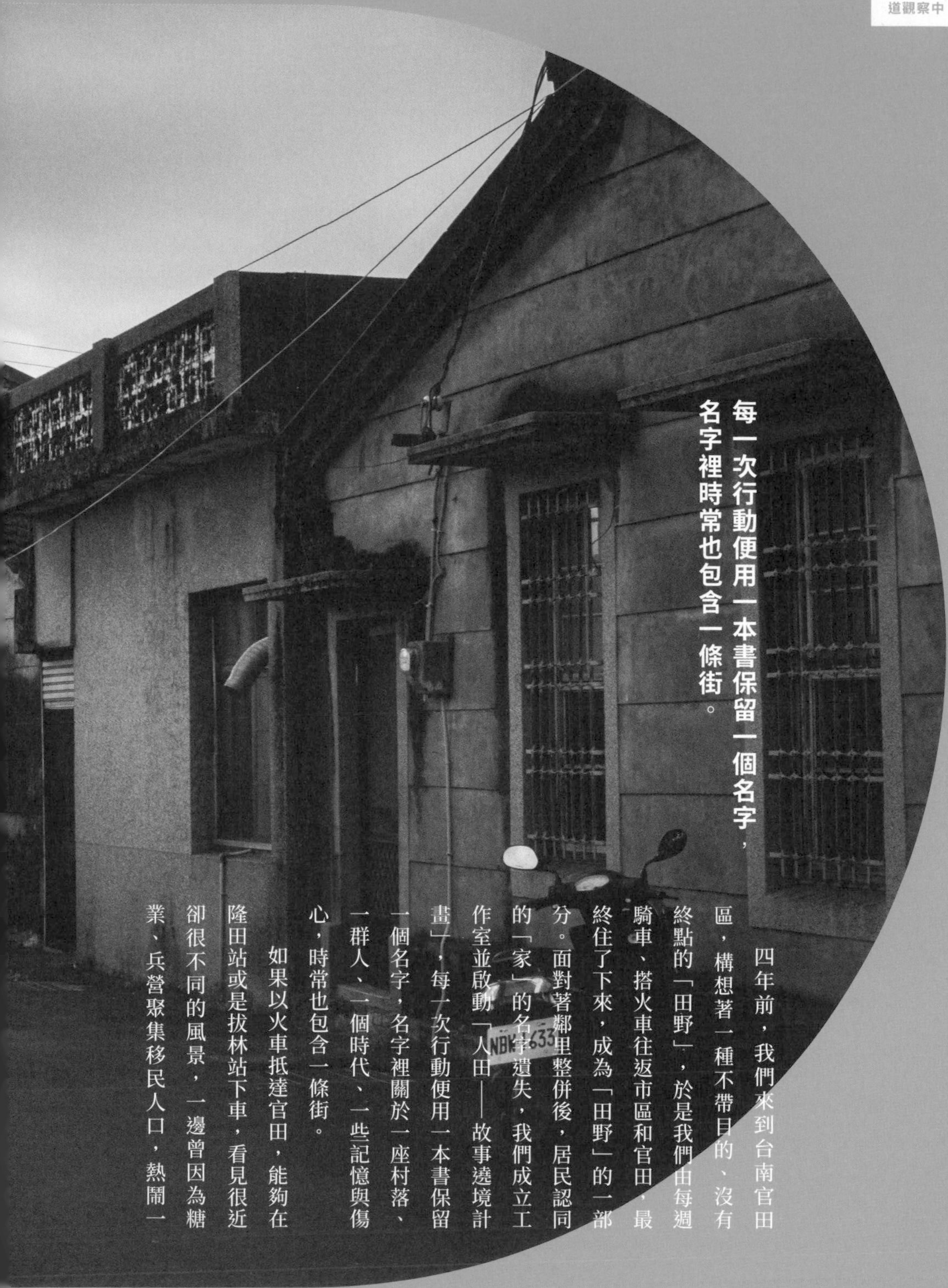

**每一次行動便用一本書保留一個名字，**
**名字裡時常也包含一條街。**

四年前，我們來到台南官田區，構想著一種不帶目的、沒有終點的「田野」，於是我們由每週騎車、搭火車往返市區和官田，最終住了下來，成為「田野」的一部分。面對著鄉里整併後，居民認同的「家」的名字遺失，我們成立工作室並啟動「人田——故事邊境計畫」，每一次行動便用一本書保留一個名字，名字裡關於一座村落、一群人、一個時代、一些記憶與傷心，時常也包含一條街。

如果以火車抵達官田，能夠在隆田站或是拔林站下車，看見很近卻很不同的風景，一邊曾因為糖業、兵營聚集移民人口，熱鬧一

台南—官田

# 穿越曾文溪，回到生活所繫之處

文字、圖片提供—微物官點工作室

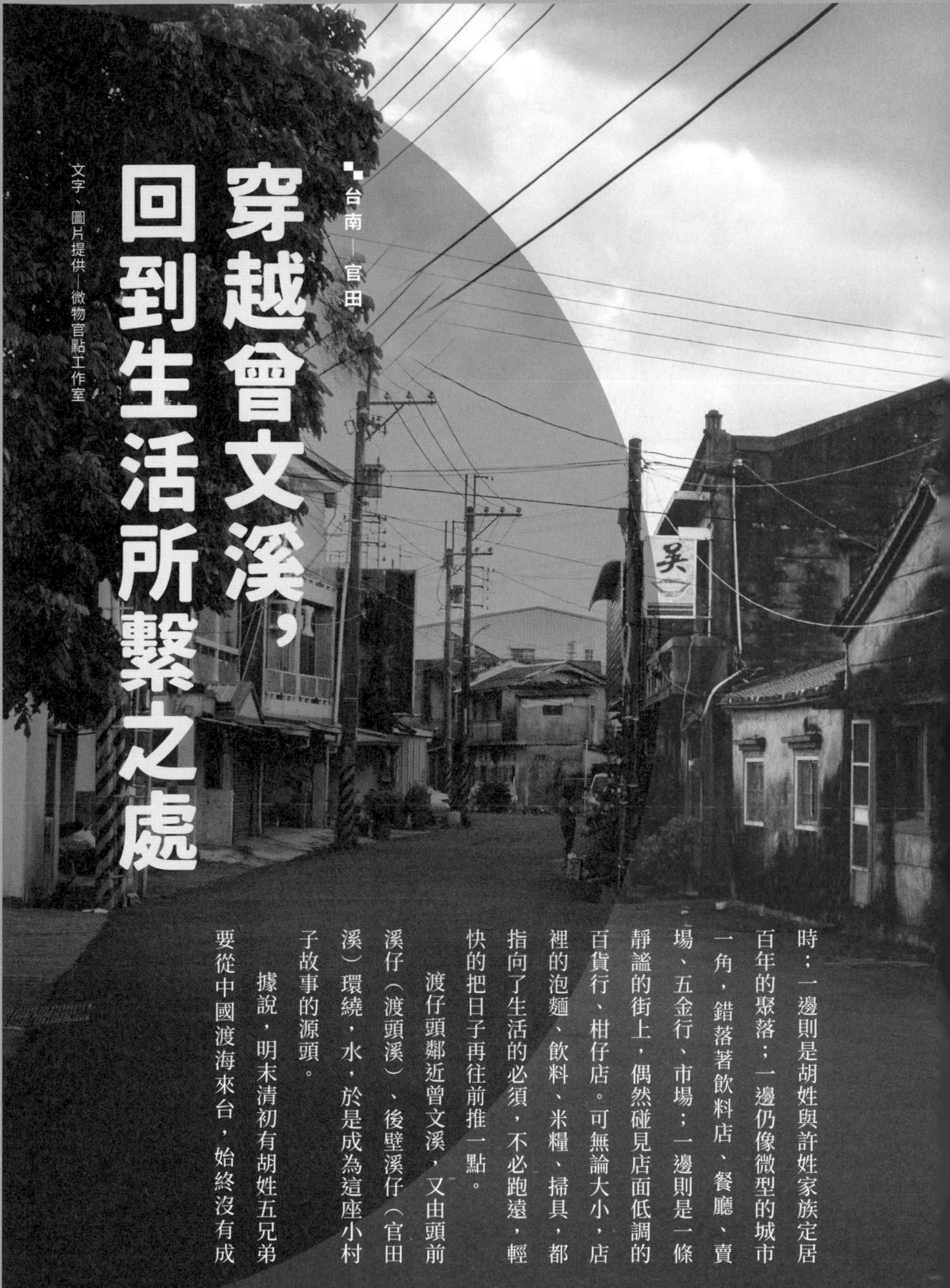


時；一邊則是胡姓與許姓家族定居百年的聚落；一邊仍像微型的城市一角，錯落著飲料店、餐廳、賣場、五金行、市場；一邊則是一條靜謐的街上，偶然碰見店面低調的百貨行、柑仔店。可無論大小，店裡的泡麵、飲料、米糧、掃具，都指向了生活的必須，不必跑遠，輕快的把日子再往前推一點。

渡仔頭鄰近曾文溪，又由頭前溪仔（渡頭溪）、後壁溪仔（官田溪）環繞，水，於是成為這座小村子故事的源頭。

據說，明末清初有胡姓五兄弟要從中國渡海來台，始終沒有成功，最終祈求「伽籃尊王」才化險為夷來到台灣，順著曾文溪來到最上游的渡船頭定居下來，「渡仔頭」也成為此地的名字。然而，渡船頭如此方便抵達，也常引來強盜洗劫，五兄弟想，「如果同住一個村莊一不小心沒有抵禦成功，整個家族便被消滅了」，討論之下五兄弟分散至角秀、烏山頭、渡仔頭、洲仔、新中等地，由最強壯武舉人老三守住老家，並照顧最羸弱、居住於渡仔頭旁新中庄的老五。為了聯絡感情，當初保佑伴隨來台的「伽籃尊王」（當地人亦稱老王公、藏草王）由五個庄頭輪流祀奉，並於每年農曆正月15日老王公生日前後的週末遶境，成為官田區一年一度盛大的宗教儀式。

**街與巷在地圖上結成一張網，織就居民的日常。**

要抵達渡仔頭並不困難，只要從拔林火車站下車，沿著坡道見到一座小橋，那裡便是渡仔頭了。這座橋叫做「觀月橋」，五庄王繞境的隊伍正是從這裡進到村子的，人們稱這裡為「西頭」，是村子最重要的三個出入口之一，轎班過橋時面對著數層樓高的榕樹，天氣晴好時，遮出一朵寬闊的樹蔭，籠罩之處便是「榕仔腳」。進到右方的主街前有間小麵攤，沒有招牌、沒有菜單，只有「乾的、濕的、大的、小的」，內行些會知道要點一碗麻油蛋花湯、幾樣小菜，看阿嬤俐落的忙碌一陣便可以準備飽餐一頓。

主街蜿蜒曲折，兩旁的房屋更擠出了細長的小巷，據說，這樣複雜的路也是當年為了防禦盜賊而

設。沿途約莫得經過四間雜貨店，細看卻各有不同，有的以五金掃具為主，有的充滿零食餅乾飲料，最大的則是間百貨行。其中一間的店門前擺著兩條長板凳，經過時總能看見幾個阿嬤聊天，我們也曾加入他們，一聊竟說起了日治時期此處被美軍掃射，阿嬤們倉惶躲進水溝裡避難的故事。在百貨行對面，是渡仔頭的市場，這裡也是村子裡最熱鬧的地方，被稱為「庄中」或是「下宅仔」，市場攤位分工清楚：一攤菜、兩攤肉，南北貨、罐頭就交給對面百貨行販售，偶爾有流動攤販加入，幾位老闆便撐起了一天的飲食。

主街的末尾，一邊是抵禦洪水的大水門，一邊則是庄頭的信仰中

心北極殿，不過數百公尺的街，我們跟著遶境時卻要走上數個小時，如果主街是主線任務，旁邊的小巷就是數不盡的副本，隊伍不時鑽進小巷裡，兜一圈再回到主街上，於是，街與巷在地圖上結成一張網，織就居民的日常。

最初開始田野調查，試著與隆田熟稔，我們總從漫無目的的步行開始。清晨從台南市搭上區間車，到站前，玻璃映著一排正在翻修的倉庫，接著曾是糖鐵五分車站的空地，車體慢慢減速，最後駛入有著淡粉色磁磚及厚實木長椅的月台。

一出站，隆田的熱鬧便沿眼前筆直的那一條街鋪排展開。飲料、火鍋店、炒飯、鍋燒麵、早餐店，往前一些，隆田菜市場、區公所、

生態公園、小學、圖書館，甚至遠一點的全聯，夾著這條路緊密地湊著，隆田的日常所需彷彿在一趟輕鬆的散步裡就能全部完成。

若是仔細觀察，小巷裡的痕跡與線索解釋了隆田吃食、旅店、冷飲店如此密集，作為官田區最核心的村落的原因。在車站前街上的左手邊，狹長的巷裡，有一小座廟牌樓，寫著「金隆宮」。根據《官田鄉誌》以及德義中藥房的陳敏葷老師所述，隆田不僅是糖與鹽五分車的重要車站，更是佳里、麻豆、學甲、下營、北門等地旅客及貨物的轉運集散地，而金隆宮的主祀溫府千歲，便是由鹽工王飛由北門攜至隆田，供奉於車站前的工寮，後才由眾人集資建廟。

自幼生長於隆田菜市場的陳敏葷老師說，過往隆田的熱鬧，是由進出火車、五分車、大量的工人、轉運站、攤販吆喝、市場、軍營、戲院，各式各樣的聲音與氣味形塑。他清楚記得市場後方軍營裡，樂器吹奏的起床號如何喚醒眾人，而學校鐘聲也不斷穿插於市場人群的喧騰。

同時，也有來自於官田其他村落的居民，會來到這裡購買食材。例如我們便曾與渡仔頭的廟主委，相約清晨5點來到隆田市場，採買重要廟會所需的五牲禮，雞、豬、鴨、魚、海鮮，一攤一攤購齊後，主委領著我們轉往市場外圍的早餐攤販，買了飯糰及豆漿，回到渡仔頭北極殿享用。

除此之外，隆田對於當初乍到

官田的我們而言，充滿了各式各樣的小小庇護所。

車站外十字路口向右轉，會在小巷裡遇見一間夢裡的咖啡館，裡頭住著一對腳踏實地撐起夢的夫婦，小腸身兼青農，平時種稻；淑容則是大廚兼甜點師，店裡的料理以當地自種的新鮮食材為主，同時甜點藏著她的巧思及精緻手藝，時常令人驚艷不已。許多次拜訪完陳敏羣老師，總會和他及太太秀令一同前去享用午餐；後來，我們每隔一陣總會去拜訪「小菱居」，在食物及小腸、淑容的幽默溫暖裡，一同分享、大笑，重新獲得力量。

同樣地，便利商店旁藏著一間小小的丸久小吃店，我們在一整天漫長的步行之後，總要進去點一盤牛肉炒飯、貢丸湯填飽肚子，冬日裡漸涼的晚上，店裡阿姨瞇起眼笑著說：「你們又來啦。」是最溫暖的事情。

那時田調總結束在微冰的夜色中，回到火車站，落進區間車的座椅，望著長長的倉庫遠去，稻、農舍、溪畔西瓜田，越過曾文溪，凝視著溪面反光，直到漸返市區，眼前逐漸被愈來愈多房屋、樓堆疊時，感受到自己離開官田；但總又會在下一週，從這一頭穿越曾文溪，回到這裡。直到更後來的那天，我們住了下來。

住下後，隆田作為生活需求的定錨點，街上的更多店家在我們心中點亮，五金買飯鍋、找棉被、農會超市找酸菜白肉鍋，生活於此綿延展開。

**隆田對於當初乍到的我們而言，充滿了各式各樣的小小庇護所。**

**微物官點工作室**

由吳克威、蔡郁柔成立，在官田移動、對話、紀錄，將身體投注於勞動與消耗、置身於經驗本身，在微小也無關緊要的細節裡，覺察微物，以一種微物觀點，一個微物論的生成，在漫長的時間裡，與地方共存。（攝影／汪正翔）

**村人只要一進入後，只有住戶知道通向，外人除了迷困其間，就是陌生恐懼不敢往入。**

也許習慣遷徙，因為求學、工作、婚配讓自己願意走出原生環境拓展不同階段的人生。畢竟都在這座島上，南北不過近400公里，通訊軟體便利，再遠也能即時聯繫，對於「流動性」（Fluidity）文化議題的著迷也從「跨境」裡感受「異／同」錯綜的複雜情緒。

倘若提及屏東市家樂福後面有座大陳新村，幾乎無人曉得，在廣東路端豎立的大陳新村立碑也未有人專注。自由新村，是所有大陳新村中頗為特殊的鬧中取靜，具備周邊商業鬧區圍繞以及村中靜默未明的條件。

1970年代的自由新村包圍

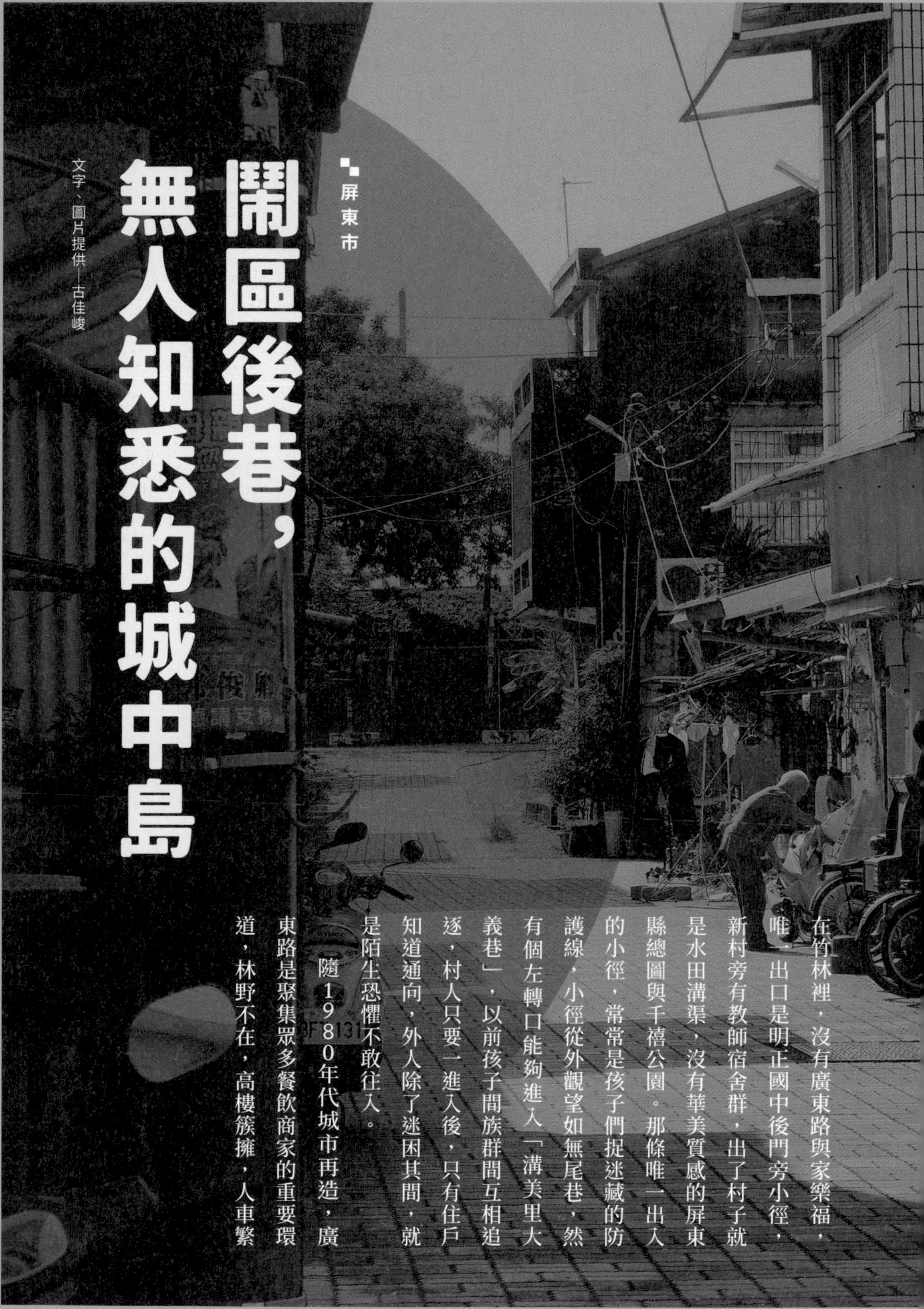

屏東市

# 鬧區後巷，無人知悉的城中島

文字、圖片提供—古佳峻

在竹林裡，沒有廣東路與家樂福，唯一出口是明正國中後門旁小徑，新村旁有教師宿舍群，出了村子就是水田溝渠，沒有華美質感的屏東縣總圖與千禧公園。那條唯一出入的小徑，常常是孩子們捉迷藏的防護線，小徑從外觀望如無尾巷，然有個左轉口能夠進入「溝美里大義巷」，以前孩子間族群間互相追逐，村人只要一進入後，只有住戶知道通向，外人除了迷困其間，就是陌生恐懼不敢往入。

隨1980年代城市再造，廣東路是聚集眾多餐飲商家的重要環道，林野不在，高樓簇擁，人車繁忙的廣東路、仁愛路、自由路都與過往截然不同。「菊子Wouli889共食屋」的朱菊枝說：「以前仁愛國小下課後，回家會經過一家鳳梨罐頭工廠，就會用1元購買鳳梨芯！然後順著明正國中圍牆走回村子，當時在這麼美麗的總圖旁是教會墓區，誰都怕夜晚經過！」周邊盛況鼎沸，唯獨自由新村凝滯在十來戶的小村落，且多為外來承租戶，所謂的大陳鄉親不是被時代汰洗而逝就是在鄉外創業發展。

村子環境結構以大義巷串聯四排房子，行政辦公室在最外一列，是開會及公布行政事務的空間，目前是村人倉庫，過去手工藝中心有家庭代工、有竹草編織代工、還替新園五房村的人編織魚網和髮網，朱菊枝與村內經營年糕廠的胡建樑說，大家在中心認領材料後就在自家編織，以量計價，婦女們不是在醬瓜加工廠就在家屋前補漁網。

村內屋舍成行並列，以紅磚作為一門一窗一單位的門面，房屋主體是灰泥磚或間雜紅磚。「房子不僅窄，門還小，個頭高的進出都要彎腰。」胡建樑說，共食屋旁即是大陳年糕廠，胡建樑住在過去幾戶，他是在台灣出生的下大陳人。過去大家會在手工藝中心輪流使用石製杵臼製作年糕，後來他學習機器代工，便在房舍內設置器具生產市面上的「韓國年糕」或「寧波年糕」。

## 過去，大陳新村多在荒煙漫草堆中築起島城。

胡建樑談著村裡過往雲煙，帶入年糕機械化的王小友舊宅，歌手施孝榮舊居，導演梁修身與梁赫群故宅，還有海軍官校校長胡才貴將軍老家，在這座寧靜致遠的村子裡臥虎藏龍不為所動，因為誰也不知悉60多年前的這些移民文化。

自由新村屬於城市裡的安置點，主以縣鎮官職及手工藝從業所配給，若海業者可安排高雄旗津、花蓮美崙、台東富岡、新園五房、枋寮三村，若能養牧屯墾則在高樹、新埤、潮州等，因材施地，各取所需，只是自由新村的人口外移快速，歷變住戶，除年糕廠和共食屋，還有幾戶勞動者及義昌商行雜貨店之外，餘者大多是陸續租賃入住者。

東山、青山兩村在枋寮鄉，位在台糖甘蔗園區旁，村人多服務於台糖農務。鄰靠力力溪，主道串連的房舍可以見到河床大石頭堆壘的半牆垣，房舍主體以這些石頭與灰泥所建，託人一車車運石材所完成的新村讓人至今感受砌石成屋的使命感。以有限的紅磚為門面，屋樑大木依舊，水泥瓦片殘破，這是目前僅有的頹圮蒼涼，過去，大陳新村多在荒煙漫草堆中築起島城。

里港鄉克難新村最早離散，緊靠隘寮溪，周邊砂石業大興，村子外移嚴重，僅留三、四列不完整的片段結構。枋寮新龍新村原住戶多不在，目前發展養殖漁業多是其他族群所經營，村子三列房舍整齊，村內新龍宮保有五顯大帝神祇信仰。倒是新園鄉五房村的中興新村房舍有中正紀念公園居中，巷道不寬，砂石敷面的宿舍群井然有序，人口多而人氣足，傍晚坐在大國旗下乘著自由睡意而涼感十足，晒棉被或晒鰻鯗是這裡難得的生活樣態，畢竟屏東境內的大陳身影有銷聲匿跡的危機，也必然地在時代的擇選中回歸塵土。

自由新村是1956年建置的大陳新村其一，因諸多因緣我在這村子有訪查機會，又藉以屏東科技大學執行相關計畫，從共食屋與大陳年糕廠出發，重新形塑自由新村街廓紋理，從一個村子的點狀探究串起台灣大陳文化的鏈狀敘事。

自2016年，執行眷村美食調查計畫認識共食屋的朱菊枝，她烹調大陳年糕與夾麵蝦（麵疙瘩），並作為我與其母親朱施桂

**從一個村子的點狀探究，串起台灣大陳文化的鏈狀敘事。**

鳳翻譯的橋樑。朱施桂鳳來自下大陳島旁的竹嶼，台州語系，自1956年搬入新村，不大的客廳裡卻有一整套沙發，廳堂有泥塑觀音與祖先牌位，一樓平房後有延伸加蓋的二層樓。父親退休後將「戰士授田憑據」換了一筆錢整建房務，讓房舍有更充足的活動空間。

自由新村人事淡薄，資料難齊，透過耆老吳學寶與其出版品知悉「大陳地區」除1955年撤退人民外，還有早期因就學、就醫、工作來台者，再含後期陸續遷台者，一萬近六千餘人的島民來到基隆港就地臨時安置，再行分配到35村鄰近招待所。諸多大陳新村亦安置在河床砂石地及山丘畸零地，歷經搬石淘沙的苦日子，長出了蔬果葉苗都是幾十年的血汗風雨，這離鄉苦不只是轉換情境，更是人生的重新應對挑戰。

無須彰顯身世，僅需留一口活路，因金剛計畫與飛龍計畫陸續遷台的「大陳地區」人民進入台灣，只想留一家大小存活機會，於是在城市邊陲形成一座孤島，島上用著共有的吳語鄉音，在年節過著島上豐年祭典，尤其當我坐在客廳沙發上吃著一碗大陳湯糕，聽取朱菊枝譯音母語，隔間中不只是純粹樑柱，而是文化紋身的異域疏離感。

屏東的大陳新村具有多樣性，兼容上下大陳島外，包含浙江南麂等溫州與福州方言的族群，所謂屏東13大陳新村的底蘊，實際是整落1955年移島移民的縮影所在。為求讓城市裡漸消逝的紋理，逐一顯露其時代的價值觀系，當擁有一線關鍵闖入社區，或許能有一位歷史說書人說解，這如島鏈的村，是千里外全然風貌的移民風景。

**古佳峻**

屏東科技大學研究總中心研究員，屏東縣愛鄉協會理事長，出生於花蓮，落籍在金門，在台灣各地因求學與研究有所交誼，台灣不大，中國遙遠，文化需要扎根才是絕對。

**看似靜謐、有著生活步調的街道，**
**曾經扮演著連通城鄉之間產業要道上的風華。**

秋收之際，往來台東縱谷鄉鎮的火車上，有著旅人觀看稻浪交織的美麗風景，同時也充滿往返城鄉工作者、學子們的通勤記憶。身為一個同樣要在城鄉移動的田調工作者，總會看到台東普照的陽光，隨行一節節車廂，飛快穿梭田野城鎮之間，光影閃爍之際，輝映一張張時光面容。這些面容，停留在跟他們年紀差不多的老房子中，背後連結著時代脈動下，村落、鄉鎮與城市之間的街道關係。

曾經因為書寫台東及關山舊城聚落文史的緣故，有機會認識當地耆老們，他們移動與墾拓的故事也使人得以理解，如今看似靜謐、有

台東—關山

# 穿行城與鄉間的記憶光影

文字、圖片提供—林慧珍

著生活步調的街道，曾經扮演著連通城鄉之間產業要道上的風華。

位在關山鎮豐泉里內，連接關山街區到紅石林道入口，正是一條那樣的街道。歷史上，今日的台東及關山舊街區，已然在日治大正年間規劃形成熱絡的市街，是當時的政治行政及貿易集散中心，縱谷鐵路的興設促進兩地街區更為緊密的往來。而這麼一條連接生產地聚落到關山街區加工包裝的古老通道上，曾經上演著當年西部移民來此謀生居住，以及和當時原住族群互動的時空樣貌。

這條街道從南到北，涵納現今所稱的「豐田路」、「東5鄉道」

以及「紅石部落聯絡道路」的部分路段，約莫2.5公里路程，從平緩的沖積扇平原沿中央山脈楠山腳上行，貼近紅石溪中下游的紅石林道入口。沿途所經從閩客、平埔、阿美族人混居的關山街庄，來到客家人居多的水井仔聚落，再進入尾街，街道上一邊是布農族居多的紅石聚落，一邊則是平埔、閩南居多的長興聚落，族群之間，各自安住。

從關山街庄連接水井仔聚落的豐田老路，過去是條人與牛車載貨行駛的土路，就從關山建廟近百年的天后宮朝北前行，來到另個歷史悠久的水井仔庄廟祭祀中心——代天府。信仰中心周圍的老矮平房、民宿樓屋參差散居，與田間水圳交錯，構成一幅時光凝滯的田園畫面。當地老一輩人的記憶中，從前豐田老路旁一排清澈的水聲潺潺，大樹下的圳溝旁坐落著農家婦女們洗衣的耳語，好不熱鬧。彼時牛車載運收穫的甘蔗，會從水井仔農場進入關山市街，在牛車背後偷拉甘蔗搬回家吃是許多人會拿來說嘴的童年往事。

**賴阿伯家族的移墾故事，**
**則訴說這個聚落的發展歷史。**

水井仔早在日治時期即有製糖會社交由本島人經營的植蔗農場，當時不少來自桃竹苗的客家人移民來種蔗，便定居下來。坐落在代天府旁的賴阿伯家，便是父親一輩從苗栗三義來此地移墾，最後落腳在這裡蓋起自己的房子。

賴阿伯習慣用日語「泉の水」來稱呼這個地方，是湧泉豐沛的意思。早期此地即擁有相當多口以石

頭鑿砌的老水井，一鑿深即有水，當地人認為這是「水井仔」名字的由來。也因著地下豐沛的水源，泉湧聚庄，是早期移民最初選擇生活居住的考量之一。賴阿伯家的老屋，充滿北部客家形制的特色，聚落中這樣的建築已為數不多。賴家老屋背後中央山脈屏障，屋前則老水圳流經，滋養著這一帶老聚落在日治時期開展至今的水田。而賴阿伯家族的移墾故事，則訴說這個聚落的發展歷史。

日治時期，和北部許多客家移民一樣，日資會社在東部的開發與招攬，吸引賴阿伯的父親來到東部發展。當時的關山林木、水利資源豐富，早在大正年間即有台東製糖會社、台東開拓會社、台灣樟

腦會社與東台灣咖啡會社等相繼招募日本與本島移民前來開墾，同時期也大規模墾殖及興修水利、交通建設，包括里壠（今關山）圳的修建、里壠到台東線鐵道的通車等。當時的關山街是里壠支廳所在，為縱谷南段主要的政治與警備中心，市街所在土地為日人徵收進行市街規劃，包括設立支廳、區役場、公學校、小學校、郵便局、警察宿舍等等。

昭和時期的關山街，製紙、製材、製腦相關產業公司林立，工商業十分發達。賴阿伯的父親便曾在製材工廠工作，在關山附近電光、紅石山場一帶計量木材，整好的木材會沿當時會社的手押台車線載運到鄰近街上加工，主要生產紙漿用

原木料，也販賣木炭。同時期，賴阿伯的母親也在電光咖啡會社工作，在第三農場種植咖啡。戰後，製材工廠關閉、咖啡事業停擺，賴阿伯一家除了種地，在1950年代末期政經較穩定時，因應政府獎勵栽種香茅政策，開始籌組香茅事業公司，在水井仔後山種植香茅與加工提煉，不到十年間，香茅事業不敵國際價格競爭而結束。

此後，賴阿伯開始種植原料甘蔗，主要由台東糖廠的人來收，採收甘蔗後運送到關山車站，再由專運甘蔗的火車送到台東馬蘭車站進糖廠加工製糖，完成後包裝輸出。1990年代糖廠關閉，賴阿伯改種水稻及食用甘蔗為主，爾後也維持小面積耕作至今。賴阿伯一家尋求安居立業的身影，隨產業時局變遷而自我調適，如同諸多來到此地落腳的移民，形塑了地方產業以及所在聚落、市街機能各自的樣貌。

**諸如這樣一條老街道，見證了從城區到鄉鎮、再到村落間的移動。**

豐田老路續行，向北通往今紅石及長興聚落，道上民居並排而立，現仍有少數幾家雜貨店、竹行還在營業，寧靜無喧。水井仔聚落一帶在日治時期作為製糖、製材、焗腦等原料的生產地，戰後，因紅石山區林木資源持續開發，既有產業包括製炭、藤竹業等依然熱絡，其間的要道上運輸顯得繁忙，工人聚集者眾，商家、小吃店紛紛開立。

這條古老的通道，過去也扮演重要的聯絡角色，由日治時期南北向的舊山麓警備道蛻變而來，是過去為行理番政策修築警備線道，且為維護當時的樟腦事業，用來圍堵

山區的布農族人，在今紅石設立楠駐在所及警備人員，並開鑿山路，作為聯絡山下的主要道路。

戰後，在這條要道上，沿途好幾家雜貨店也在地方聯絡與訊息交流上扮演重要的角色，包括郵政電話、代筆書信、賒貸物產交易服務等，儼然成為當時聚落集貨和聯絡中心，人來人往、絡繹不絕。現今道上仍然開業的「元和雜貨店」第二代老闆，說起這段往事，生動描述著當年與鄰近部落的布農族人互動交易、生活密切的往來。

台東地區自清末日治以來，一直扮演著農林生產的物料輸送角色，而諸如這樣一條老街道，見證了那時代從城區到鄉鎮、再到村落間的產業分工、輸送移動，有著緊密連結的活動樣貌。與水井仔聚落的交通連結上，關山街區曾經扮演鄰近聚落生產地的加工和集散中心，而彼時這些農產原物料及加工物料，自日治時期鐵路發達之始，更進一步進入台東市街作為貨物集散及貿易進出的輸送紐帶。

如今人的移動也在這條愈加發達的交通上，更多的依附這座或者更遠端的城市，村落、鄉鎮、老街道隨之消長，熱絡不復以往。老路周邊逐漸成為以水稻為大宗的廣袤田區，田園風光佇立著一棟棟民宿，這條街道正重新賦予自身遊憩的身份，然途經山邊田間尚存那一落落的老屋們，仍在陽光灑落間展露一張張時光面容，說著背後動人的歷史。

**林慧珍**

在台東生活多年，喜愛探索這片近山鄰海的土地紋理，關心地方文化與環境發展，在NGO東台灣研究會工作，期許深入在地學習傳統知識、推廣近用，目前策劃及出版與地方發展、在地知識相關書籍。

# 舊時光地下道

**台中火車舊站／ 2016**

填平之前的台中站前地下道，行人絡繹，冬天的斜陽照亮不願離去的老紳士。大車站計畫填平了地下道，新鮮柏油蒸發了舊時光，成為居民每日踩踏的嶄新路面。

**曾義欽**

彰化人。漫無目的在城市中徘徊，游離於現實與想像，拍攝日常與獵奇中難以描敘的狀態。作品收於《凝視 1095》(《報導者》2015-2018影像集)、《表面張力》攝影集(合著)。

**街區劇場**

**台中台灣大道／2015**

背景備妥了，行人、騎士，毫無關係的人們都成為演員，街區就是我的劇場，我導演著沒人在乎的戲。

## 撇頭一抹笑

**彰化孔廟／ 2017**

在風折毀身體之前，她一直都笑得很盡責，對走過藥妝店門前的人們。現在的她隨著男人遊蕩風光，撇頭一抹笑都有滋有味。

**遺留**

**彰化崙美路／ 2019**

城市持續著新陳代謝，人們急忙著喜新厭舊，過程中總有遺留下來的不得已……或捨不得。

## 馬路如虎口

**台南安南／ 2018**

府城建醮與過年常會在廟埕擺置平安橋，從虎口入、龍口出祈求平安，慶典結束後就棄於工廠旁，開車經過都會有馬路如虎口的驚嚇。

**陳伯義**

來自阿里山下的諸羅城，20歲以後蝸居於府城，是愛吃愛拍照的肥仔，對於廢墟、民俗與水利工程有無可自拔的迷戀，專職藝術創作兼職攝影師。

## 余慈爺聖誕

**嘉義鹿草／ 2018**

鹿草余慈爺聖誕是大喜事，會在鄉間快閃、聚集數百棚的布袋戲，戲棚沿著產業道路蔓延，是魔幻的初夏之夜，等到10點過後又消失無蹤。

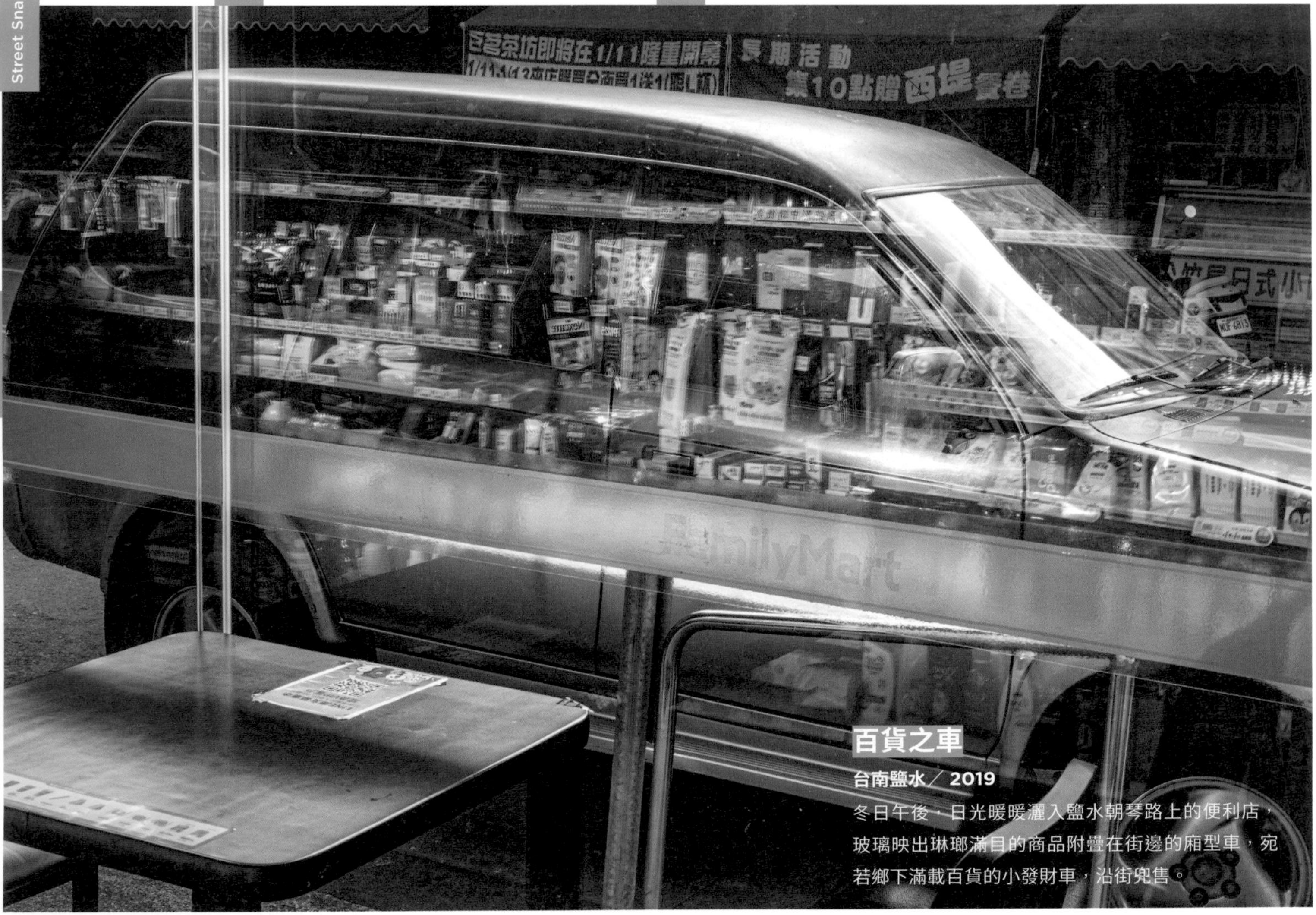


## 百貨之車

**台南鹽水／2019**

冬日午後，日光暖暖灑入鹽水朝琴路上的便利店，玻璃映出琳瑯滿目的商品附疊在街邊的廂型車，宛若鄉下滿載百貨的小發財車，沿街兜售。

## 子時拜天公

**台南柳營／ 2020**

柳營代天院的「遊王公」是南瀛三大古香，是每三年一次的民俗時刻，午夜的街道上處處可見大豬公在拜天公，靜靜祈求來年風調雨順，四時無災。

書寫者：李政道

東起寧夏路、西至延平北路，北端到保安街，南臨南京西路，由街道圍繞起的台北市大同街區，孕育豐富的生活史料，往日人事物如何累積經歷，創造出今日的風景，線索都留在街區裡。邀請熟悉此地的李政道來帶路，分享他在街區裡的人情故事。

# 走他走過的路，看見老台北的人情街廓

文字—王涵葳　攝影—Jimmy Yang

拐彎繞進小巷，循著蜿蜒路徑行走，是李政道過去生活在台北大同區累積的體感。他創辦線上雜誌「西城（Taipei West Town）」，從街邊小吃到林森北路的酒場文化，以吃、以人情為觀察，進行深度探訪。「西城」是李政道為老街區發聲的溫柔革命，像場燦爛煙花，是燒盡他過去在廣告業攢下的積蓄，也是燃起他想為都市老街區理出解方的信念。

1

## 散步徐行是體感行事曆行程

每當李政道回到這片街區，鈕扣街裡的無名麵店總是他首選的午餐地點。臨街的攤位，屋內位子不多，總有幾張桌子落在外頭，與街坊關係緊密。老闆看見熟面孔上門，煮麵、切小菜的節奏多了點俏皮話來應和。叫完菜後的李政道沒回到位子，熟門熟路走到隔壁便當店加菜雞腿；轉角雜貨店的冰箱裡帶回一罐冰涼維大力，加菜雞腿早他一步上桌，只存在南方，「台北居然還有這樣的地方，是不是很美！這就是我最喜歡的！可愛死了！」

為喜愛的地方請命，對李政道來說，帶朋友走訪老台北的韻味，是更直接的行動。他善於陌生開發，與心頭好的店家與頭人真心交陪，「我腦中有個不存在的行事曆，生理感受為鬧鈴，會提醒我是不是有點久沒去，是該該去繞繞了。」熟悉巷弄如他，仍有許多驚奇之處待發掘。而驚奇中時有挾帶感傷憤怒的情緒，來自一間間愛吃

3

2

的老店消失了，一棟棟美麗老建築剷平逝去。採訪當日，李政道剛收到一則熱騰騰的壞消息，過去在寧夏路上曾作為自己工作落腳處的咖啡店「樓梯好陡」也因為都更將歇業。舊時代事物離去速度加快了，紅布條寫著即將都更的字，揭示這座城市風貌的下一章。

## 浸潤在街區的美學和人情中

行至重慶北路近臨沂街，夾在兩棟高聳矗立大樓之間的老樓房，拼貼樣貌是城市風情的現在式，李政道駐足於對街欣賞老屋子立面。其實，他並非一開始就沉浸於舊事物的美。

學習美術、視覺藝術的背景，強勢西方文化薰陶並建構出他的美學養成，「我也喜歡清水模，流連富錦街，對外來東西容易接受，喜歡視覺上漂亮好看的物件。」轉折點發生在他工作、旅行異地時的察覺，當他開始回頭反芻自己原生文化的模樣，許多疑問湧上心頭：「台灣該有的原生設計是什麼？日治時代的東西是什麼？日治時代後的東西又是什麼？民國以後呢？美援時期的建築式樣、美學是什麼？直到了1980、1990年代？暴發戶時代的彩色看板是什麼？」

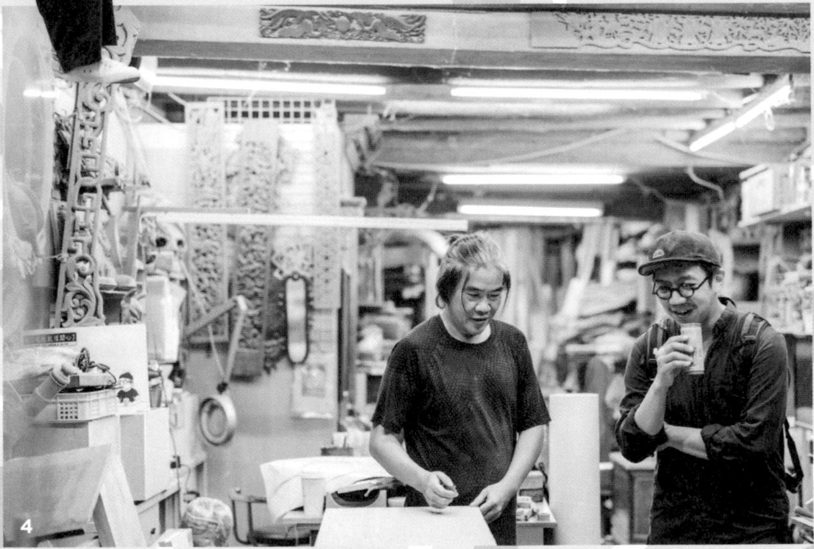

4

**1** 重慶北路上整排建築物，留有不同時代的樣貌。 **2** 名為打鐵街的萬全街一處尋常風景。 **3** 讚賞著老磚的美，李政道每次走每次都會有新發現。 **4** 李政道與柴寮木雕店主能聊、能喝、還能一起創作。

一長串發問都是台灣設計的演進，他渴求讀取生長土地的歷史紀錄，卻不曾在過去的美學教育裡翻得解答，而是自老街區裡逐一尋覓。他近年參與新文化運動講座、投入台北城市散步課程，修補自己被斷代的台灣美術史，描繪出舊時代台北的輪廓。

轉進臨沂街，一個靈光乍現，李政道想帶大家看幅具有歷史意義的照片，就靜靜掛在一間尋常早餐店裡。落款大字寫著「江山樓全景」，建築式樣展現日治時期三大酒樓之一的風姿，蔚為當時文人雅士匯集處。江山樓在1970年代中期改建，後人僅能由影像追憶它封存的人事物。即便如李政道有意識探索更多，但時空不等人，認識的步伐比不上消逝的速度。

「你問我為什麼那麼在意都更？我想我是真的很在意。因為我看到都市更新一再摧毀我迷戀的事物。」他流露出對這個城市的失望，是源於街區深深的歸屬感，除了外在美學，還有街區裡他所珍惜的人情都將從生活中剝離。

## 房屋的樣式，形塑生活的尺度

老街區裡獨特的人情世故，關乎住宅類型的結構，「在台北常見的雙拼步登公寓形成的平面聚落，擁有一定緊密程度的鄰里關係。鄰居間會吵架也會關懷，如果幾天沒見著誰，就知道誰家出事了。」迷人的生活感是有生命力的，李政道提及經典著作《偉大城市的誕生與衰亡：美國都市街道生活的啟發》一書，自裡頭讀出的共感，疊合他親歷的生活經驗：「城市發展這件事是有機的。」大型建案築起的高牆使人關係變得疏離，排除了舊社會建立起的敦親睦鄰。

5

這趟散步節奏，好似要落入低迷中，但李政道帶我們繼續走，登上陡峭樓梯，踏進燈光設計師江佶洋位在二樓的工作室「瓦豆」，探一探新舊時代共融相處的可能性，「這裡原是佶洋外公的牙醫診所，封存幾年後重新打開修建，保有屋子結構與佶洋外公時代就有的東西。」安放在內的每樣物件，不分先來後到都能訴說一段原生於空間內的故事，以實物記載屋子裡曾有的過往，讓未來的人有機會讀取，宛若理想街區裡多元並存的縮影。

曾看見美好的，也親自送別將拆遷的老街道，李政道多年來的深掘探路，翻閱街區發展的歷史紀錄，那麼什麼才是老街區未來的解方？深思幾秒，他最終落下：「陪伴是最好的答案吧！」如果喜愛的風景終將消逝，就好好與它們道別，不要有遺憾，留下足以回味的記憶。

**5** 藏在早餐店裡的江山樓照片，識途老馬才知道的寶。
**6** 瓦豆前身是屋主外公的診所，留有老招牌為陳設。
**7** 鐵皮刻字店的老技藝，60年來敲打聲不停歇。
**8** 如果老台北消逝了，還能去哪再會故人舊物。

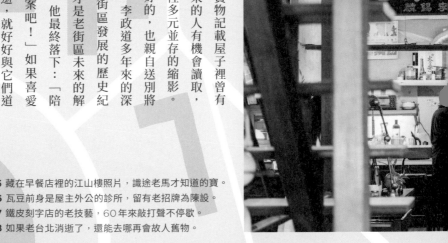

李政道稱為「巡田水」的街區漫遊，是他最愛的日常興趣。打開感官雷達，搜索到對味的，他便主動出擊，用輪轉的台語、真誠不怕害羞的態度，與鄰里交陪。常去同一家店，吃上同一碗麵，帶個飲料點心做心意，「不廣卻深」是李政道自認走跳街區的祕訣。

\ 歸綏街 /

## 普願宮

信仰中心看顧著街區，做在地人心靈後盾。歸綏街是李政道曾緊密居住的街道。與人相約回故地就約在廟前，出發散步前和土地公打個招呼，謝謝照顧。

\ 保安街 /

## 第一唱片

至今尚未收入西城的遺珠店家，是李政道私心想好好介紹的名單。作為唱片行世家的第三代，小玲姐與母親在街上各照顧一間店面，母親的店在轉角，迷你空間濃縮了台灣的閩南語唱片史，比鄰隔壁的是小玲姐的咖啡店和唱片行，有滿室音樂寶藏，而讓李政道一再回味的還有小玲姐的手工韭菜水餃，是他家中冷凍庫的常備品。

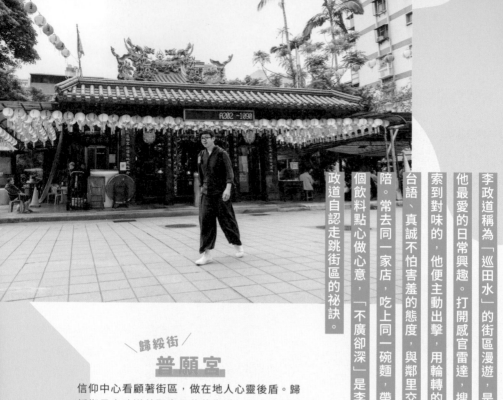

╲萬全街╱

## 豆腐店

俗稱打鐵街，是李政道口袋裡想深訪的街區，據聞座落街上的每間加工廠師傅，有媲美機器精準的手藝。巷內有一處木模板疊起壯觀轉角的是間豆腐店，每到製作時間總是豆香四溢。

╲鈕扣街╱

## 無名麵店

愛吃也懂吃是李政道認識老台北的入口，引領他一路闖盪。當他看見有在地人吃、附近上班族也會去的店，直覺告訴他肯定不簡單，絕對想要走進去吃看看。

這間位在南京西路167巷內的無名麵店，是他騎著摩托車意外發現的愛店，他說老闆喊話要退休好多年，深怕哪一天就行動，好吃的一味成為絕響。李政道必點乾意麵、餛飩湯，小菜有時切個粉肝、紅燒肉和豆皮，他推薦敢吃的人試試天梯。如要像他一樣吃得澎湃，走到隔壁便當店和雜貨店，自選配菜或者懷念的古早飲料。

╲寧夏路╱

## 樓梯好陡、小柴屋

夜市另一端的寧夏路，有原為台北北警察署的舊址，改建為台北新文化運動紀念館，外圍可見哄哩岸石牆。位在斜對面的咖啡店「樓梯好陡」，是李政道由陌生拜訪而熟識的店家，他曾租借三樓一隅為辦公空間，帶著來咖啡店的外國客人走逛鄰近街區，認識老台北，「樓梯好陡」預計營業至2022年初，後續將都更改建。

附近不遠的小柴屋，李政道稱它為原點，他在小柴屋裡看見空間與街區有機發展的可能，也在這裡認識社區再造的前輩。而今日的小柴屋大門緊閉上鎖，不再是周遭居民能自由使用的開放空間。

# 遊內埔街仔，共組新世代「緣」圈圈

文字—李佳芳　攝影—許翰殷

書寫者：蘇瑞琦

前往阿里山的路上，自主要道路岔往竹崎丘陵，被歲月塵封的百年老聚落內埔，居住著一群客底閩南人，有些人會自稱「白杞寮人」，而在這神秘的名字底下，究竟有何故事？蘇瑞琦與在地青年當起「寮編」，為了解答故鄉身世之謎踏上老街和產業道路，她透過網路書寫，希望把消失的記憶記下來，同時也把散逸的追尋回來。

如大部分內埔孩子，蘇瑞琦在高中就離家，從異地求學到畢業就業，當離開家鄉的日子遠多於成長的日子時，家鄉成了一種既熟悉卻又陌生的存在。

從前，她並未察覺故鄉有何獨特之處，直到七年前去台東長住，在都蘭部落等浪的日子裡，她不知不覺走入當地原住民的生活，並在隔年第一次受邀參加豐年祭。當她旁觀長者向年輕人述說阿米斯文化時，不禁反思自己的家鄉文化，

1

「以前大人都會說囡仔人有耳無喙，所以我們漸漸習慣不去問、不去知道，很多東西就這樣被遺忘了。」

一次她回到家鄉參加玉山岩迓觀音請媽祖遶境，讀到遶境香條上寫滿了地方上大大小小村庄名字時，第一次引燃想知道的好奇心。

2

「這些地方究竟位在哪裡？」從一個簡短的疑問句開始，她萌生書寫故鄉的念頭。

為了解開鳩佔內心的謎團，蘇瑞琦在初探街區的採訪過程，遇到了不少與她相同想法的青年，像是投身廟宇文化紀錄的深海魚（賴國華）與朱振源等，原本在各自不同

3

領域的眾人順勢合流，組成一支非正式的偵查隊伍，並於2019年11月開始了「白杞寮誌」的記錄觀察行動。

## 走一次內埔街仔的榮華記憶

走在白杞寮最熱鬧的內埔街仔，舊街上拼貼著不同年代的立面，有竹編牆、木窗櫺、鐵花窗、木拉門、鐵捲門等等，以及未被卸下的老招牌，註記著村庄在時代下的演化歷史。讀著歲月沉積的景色，難以辨認昔日的風光，不難看出內埔街仔是白杞寮最核心的商業交易聚集地，過去與位於阿里山鐵路停靠站的盧麻產（今鹿滿村）和竹頭崎（今竹崎村），齊被稱為竹崎鄉三大漢人街肆。

走繞街巷，蘇瑞琦用微地名（地號幼仔tē-hō-iù-à）來介紹舊街：崁腳（khàm-kha）、橫街（huâinn-ke-à）、大埕（tuā-tiânn）、箆仔寮（bih-á-liâu）、豬灶（ti-tsàu）……以台語發音的字詞直接點名古代村落的空間意義，大埕是當地大姓林家的宗祠，豬灶是市場專司屠宰的區域，箆仔寮則是竹器的生產聚落。而藏匿在市井的三代青果市場，各自在日治與近代發揮不同物產集貨功能，佐證了內埔街仔曾為13庄物產交易中心的重要位置。

「聽說內埔在民國50、60年代非常熱鬧，街上有戲院、客棧、西服店、男士理髮、碾米廠……日治初期這裡還有輕便車通過呢！」蘇瑞琦指著青岩宮正對面的巷子，「那就是以前的輕便車道。」而巷內一棟水藍塗裝的雙層木造樓房，過去是生意興隆的大眾食堂，如今

**1** 屬於庄頭廟的青岩宮，是居民平日走訪的信仰地。 **2** 老街建築的拼貼立面，木窗與鐵欄杆，黑瓦與鐵皮，交錯不同年代的風情。 **3** 用約定俗成的微地名導覽故鄉，重新看見舊時生活的空間意義。

老食堂恢復成住宅人家，從前製作米苔目所用的磨米石臼則成了門口的水草造景，昔日老闆娘的林罔玉阿嬤笑咪咪走出來，說著自己小時走路跌倒、額頭撞到鐵軌的往事，額頭上還留有輕便車的深刻記憶，被大夥戲稱是「消失的鐵軌與內埔仔哈利波特」！

4

## 古老版的集體募資祭祀行動

蘇瑞琦和夥伴從一張香條的追尋，踏走街巷到山林，發現先民早在清末年間，就入山拓墾定居此地，數百年來在深山林間生活，隨著地方聚落形成與祭祀圈發展，玉山岩金蘭寺觀音佛祖早已成為白杞寮人的共同信仰中心。而祭祀圈所涵蓋的範圍，由相鄰的內埔、白杞、昇平、桃源、塘興五村組成，每年自籌辦理觀音佛祖平安遶境慶典，至今仍保留著長達百年歷史的「祭祀圈」文化生活。

聽著大夥七嘴八舌解釋祭祀圈，言談中跳出一個令人難懂的詞，叫做「緣」。他們解釋，每年村民自籌舉辦遶境活動時，祭祀圈內的信眾都必須繳納「丁口錢」（當地慣稱「緣金」），但因山區村落的位置太分散，一區一區就形成了「緣」的小組織，每一個緣都有一位「緣首」負責辦理事務，五個行政區又劃分為13緣的地域範圍，「緣」成為當地特殊的涵意。

在這個複雜的人情系統下，地方與廟宇形成緊密的關係，一方給予支持，一方給予庇護——翻譯成網路用語，就是一種線下版的集體募資，而聯繫起雙方的重要時刻，就是遶境。

## 白杞寮名下的身世真相

「我們都說自己是白杞寮人。」祭祀圈內的居民以獨特的暗語指認身份，而白杞寮的古名是「白狗寮」，其名來自古時墾拓的民間傳說，漸漸演化成祭祀認同圈

6

5

的代名詞。蘇瑞琦強調：「這不是因為行政因素所形成的地名，在古代台灣地圖找不到任何標示，這是一群人因為共同的信仰與生命記憶，用一個又一個的緣所連成的地方。」

在考證故鄉時，蘇瑞琦和夥伴曾好奇「白狗寮」如何被寫成「白杞寮」？尤其是閩南語的狗（káu）與杞（kóo）發音並不相近，又與當地約定俗成的發音pik-ki-liâu大相徑庭，令人摸不著頭緒。為此，他們展開一場地名偵探之旅，在台語文作家與耆老的協助下，發現客語饒平腔的「杞」與「狗」完全諧音，驗證了白杞寮人身世之謎：原來是「客底」（註1）的閩南人。

自老街走遊到山區，內埔山上起伏的丘陵地形，一路上的水道頭或果園旁確實有不少大小伯公廟，而遺留在丘陵上的百年家族老祠堂，從祖先牌位放在正中央，大於神明放在偏旁的位置，這完全是標準的客家祠堂擺設方式。

儘管白杞寮人已不再用客家話，但許多傳統卻仍未消失，仍然顯現在信仰與飲食文化上。

依照香條上所寫的遶境路線：無底潭、舊社、桃源、黃心寮、山仔頂、頂埔、內埔、溪州……等一個又一個地方上慣習的俗名，是祖輩一步又一步外拓的印記，為追查當地拓墾史的重要線索。

如今，蘇瑞琦與夥伴從自小生長的街道踏查，外推到庄頭到庄頭的連結關係，一場考證在地的偵探大會成為連結白杞寮人的「緣」，只是這個「緣」圈不只有祭祀圈，更包含了許多說不盡的情感，推動著一場又一場寮聚，累積擾動地方活水的能量。

**註1** 所謂客底，是由歷史學者林衡道提出，意指被閩南化的台灣客家人後裔。

**4** 走在一個又一個「緣」所連成的地方，蘇瑞琦與夥伴從一張香條開始故鄉的偵探行動。（圖片提供／賴國華） **5** 蓋上紅印子的蒜頭餅甜蜜又嗆味，是老餅舖的老味道。 **6** 嶺尾派公廳仍可見保留客家文化遺風的祭祀傳統。 **7** 從前的大眾食堂已歇業，舊時石臼也改成造景之用。

走在內埔街仔，不少門窗緊閉的商家都是內埔人記憶中的柑仔店，偶爾衝鼻而來濃烈的草青味，是內埔人再熟悉不過的「菁仔味」。以台語發音的「菁仔」，其實就是檳榔。在小小檳榔的背後，則有一段山村經濟的變遷史，在十大建設時期崛起取代山產果樹，成為內埔現今最重要的經濟作物。

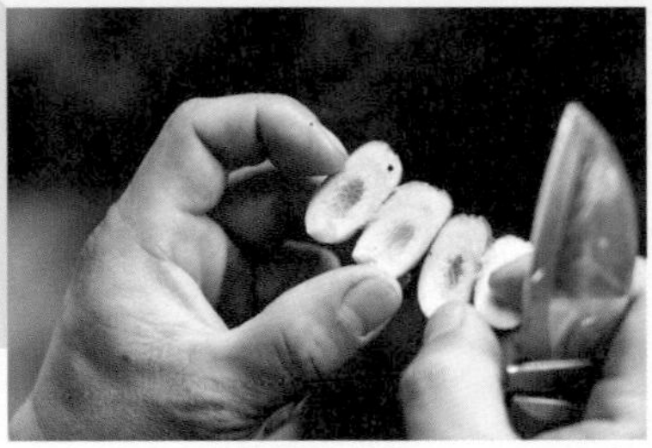

## 菁仔行

內埔街上最熱鬧的，便是大大小小「菁仔行」(檳榔運銷加工站)，地面總是堆滿小山似的檳榔，婦女們忙著把一苛一苛的檳榔串剪粒、挫鬚、分級，而菁仔行為了應付大量工作，甚至引入電腦選級設備，把檳榔分為「特、白、紅」三大類，元興菁仔行第三代老闆林厚欽撥開果肉指著，芯越是白皙水嫩，口感越上乘，價格也越好。

面對達二、三層樓高的檳榔樹，林厚欽也示範以伸縮檳榔刀割檳榔，採收時得要一手操刀一手接物，簡直絕技！此外，當地也有不少檳榔站，阿姨們熟練抹上白灰，手摺荖葉，完成一顆顆檳榔，「山地人重口味，吃白灰比紅灰多。」當檳榔漸漸滲透在地飲食，連雜貨店也可見販售「菁仔乾」，以供應冬季缺貨時，可以泡開來吃。

## 伯公廟

在13庄繞境路線上有不少伯公廟，每一座伯公廟都與當地居民生活息息相關，其中學仔嶺的永春宮規模小卻雕琢精緻，可見香火十分興旺。走到廟後方，可見保留傳統客家伯公廟的「化胎式」設計，以及第一代與第二代土地公廟的遺址，其中第一代土地公廟更是最古老的石造形式，為現今少見的三代土地公廟遺址。

永春宮最特別處，就是每年舉辦五次的「吃會」，意即在祭拜土地公的日子，家家戶戶會把豐盛菜餚送到永春宮，祭拜之後一起分享菜餚，彼此話家常並聯絡感情。在地長者除了延續這項傳統，也口述流傳著一段嘉慶君遊台灣，經過此地的有趣故事。

## 柑仔店

內埔街仔曾經相當熱鬧風華，街上開著各式各樣的柑仔店，各有不同商品與面向，例如蘇瑞琦家早年、父執輩時期經營的「瑞興」商店主要是賣生活用品，其餘還有專賣零食餅乾、擺電動玩具的雜貨店，而至今仍然營業的「張益興」則是五金行，販賣家庭到田間所需要的五金與資材。

與高齡83歲的老闆交談，發現他年少時原本是在崁腳種植稻米，後來才遷徙到傳統市場擺攤做生意，而傳統市場位置即是日治時代第一代民營青果市場「台中青果運銷」所在，在市場經營累積資金後，才在大街上開了這家五金行。

# 不必急著定下來，就能遇見不一樣的風景

一座城市待久了，容易讓人以為生活的方式只有一種。許多人渴望過著不同的生活，但想到要離開熟悉的舒適圈，又難免卻步。介於旅行和移居之間的旅居，或許是一種折衷方式，像婚前同居，可當作移居前的試用期。

不必急著定下來，但只要踏出第一步，就有機會遇見不一樣的風景。

文字—Fion Tsao
攝影—陳志華

# Another Life 移住者告白

告白者 **陳盈盈（Cherry）**

自由工作者，目前擁有多重身份：記者、作家、咖啡師、瑜伽師等。一身日本山系女子打扮，80後的她，開朗愛笑全身充滿正能量。2015年開始以旅居形式在台灣生活，堅信生活有選擇，總是充滿「出發」的勇氣。

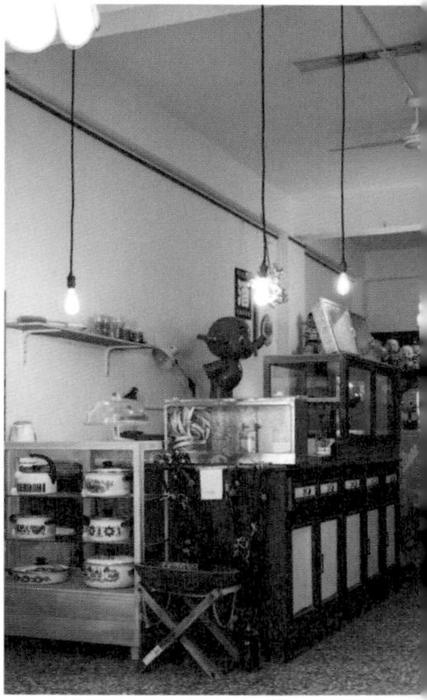

2015年我代表香港《GO OUT》戶外雜誌來台灣採訪，發現這座小小的島嶼，卻擁有200多座3000公尺以上的高山，以及黑潮流經帶來的豐盛海洋，熱愛大自然的我很快便愛上了塊土地，也想留在這裡生活。當時因為工作的關係非常頻繁往返港台，我忍不住向公司提出駐點的建議，只是得到的回覆是希望我留在香港。最終我還是決定離職，順從自己的意志來到台灣生活，拿旅遊簽證雖然無法在異地求職，但只要帳戶裡的數字還夠買機票回香港就不怕。

**不斷學習新的謀生技能聽起來或許很累人，但我卻樂此不疲。**

在香港媒體圈累積了幾年資歷，生活也還算無虞，之所以會想打破原本穩定的狀態，我想是整體社會，甚至世界氛圍影響了我。我是相信神秘學的，就宇宙能量而言，2014是充變化與動蕩的一年。香港發生了雨傘運動讓我察覺，現在安穩的日子有一天也可能會突然消失，不該過分習慣依賴。那我是否有勇氣衝出這份安穩，去創造更理想的生活？台灣太陽花學運更堅定了那份信念，這個世代的我們，擁有捍衛理想的勇氣。

展開新生活，收入來源總是最令人不安的。在台灣，我不斷學習新技能，例如瑜伽。一般來說瑜伽師資課程大部分會開在城市裡的瑜伽教室，但我找到了台東海岸一處瑜伽營有提供師資訓練。在太平洋與海岸山脈的擁抱中生活，專注地練習、規律地作息，吃簡單的蔬食料理。在純淨的大自然裡展開與自己身體的對話，我喜歡這樣純粹的生活。不斷學習新的謀生技能聽起來或許很累人，但我卻樂此不疲，若是繼續待在工時很長的香港，哪還有心力去學習新事物呢？

不斷進修新技能，但本業也沒荒廢。除了執行香港媒體發的工作，2015至2017年，我獨立出版了三期小誌《今日大吉》。這三本書雖然賺不到什麼錢，卻成

**生活很規律，**
**感覺像是上了一場很長的瑜伽課。**

為我的名片。許多人也因為這三本小誌認識我——喜歡一個人露營，在台灣旅居的香港女生。我還想繼續出版繁體中文刊物，而且是實體書。網路並不安全，事實證明只要一個消除鍵，就什麼都沒了，例如在2019年9月，我的臉書粉專就無故消失了。

2018年網路傳媒「香港01」到處挖人，因為想認識新興網路媒體運作，所以也順應這波風潮被延攬回香港工作。但大概被山、海豢養慣了，當我熟悉網路媒體的運作方式後，我選擇恢復自由業身份，住在南丫島上。這是座瀰漫著度假風情，有點像台灣小琉球的小島。沒有公車、沒有紅綠燈，連消防車都超小台。許多房子蓋在山坡上，我每天都要爬15分鐘的山路回家。

這段期間我曾在星巴克及島上咖啡館工作，在南丫島的生活很規律，感覺像是上了一場很長的瑜伽課，彷彿整個世界我只需要好好關照自己就好。南丫島給了我許多新鮮的生活體驗，因為島上物資都要從本島運來，物流不是很方便，所以大家習慣將用不到的東西再轉送或轉賣給其他當地人，形成了一種可愛的循環。碼頭也有一個置物區，餐具、書、雜貨……等待有緣人認養回家，繼續延續它們的生命。2019年我結束南丫島的生活回到了台灣，因為怕濕又怕冷，這次決定捨棄之前的旅居地台北，搬到台南。住過鍋牛巷小小的套

**巷子一邊是城隍廟，一邊是東嶽殿，被神明包圍的感覺很好。**

房，後來和女友搬到西門路的大廈，空間對香港人來說非常珍貴，所以擅長利用空間。我們將房間分租出去、當瑜珈教室，甚至還找了當地的好朋友們來這裡辦活動。今年年初我們在這裡辦了「抵溫刀Party」市集，運用五層電梯大廈加頂樓空間，22組攤商都是認識的好朋友，為了不想讓朋友賠錢，也因為疫情需要管控人數，活動決定以售票方式進行，最後售出了多達200多張票。

因為持續受到疫情影響，空間的使用率變小，加上伴侶要搬回高雄老家，所以我們決定另覓新居。找房子的方式也很在地，是透過591租屋網找到的。新家是一棟位於老城區裡的透天古厝，長長的巷子一邊是城隍廟，一邊是東嶽殿，被神明包圍的感覺很好。腳踏車是主要的代步工具，台南的城市尺度很宜人，東、西、南、北、安平、漁光島，不管到哪都是容易騎腳踏車抵達的距離。

我將新空間定位為「共所」，目前有三個品牌進駐：「阜東氏號所」麵包、「夜鷺號」古物、「奇怪貓」玻璃藝術工作室。每天設定9點的鬧鐘，但允許自己賴床到9點半。起床後先做瑜珈輕鬆伸展，然後沖一杯咖啡，打開電腦收信看看今天有什麼工作，接著巡視一下環境，我稱自己為共所的保全，澆花、倒垃圾、處理漏水、除白蟻……什麼都要顧。家裡有不少家具是撿來的，很早就發現在台灣若有大型家具要丟，會先堆在路旁角落，然後打電話找環保局來收，特別在過年大掃除期間最好撿。

我很享受倒垃圾的時光，起初還不習慣的時候，聽到垃圾車音樂會有焦慮感，覺得垃圾車的音樂一

**我們都只擁有一副身軀，一個心靈，照顧好這兩件事，就已經很好玩。**

直在附近出現但都看不到。倒垃圾也是一件極有趣的社會觀察，我發現台灣的垃圾不落地政策對於老齡化社會有很大的幫助，長輩可以趁倒垃圾出來散步、活動筋骨、從事社交。鄰居之間會留意今天誰是不是沒有出來倒垃圾，他是不是怎麼了？長輩也會在家庭生活中擁有一份使命感，感覺被需要。而且也有助環保，因為垃圾車有隨行清潔隊員檢查，所以大家會把垃圾仔細分類，台灣資源回收做得非常徹底。

最後一次回香港，正值疫情剛爆發，當時媒體圈的朋友建議我能提早回台灣就趕快回來，因為機場隨時都有可能封關，到時候恐怕就進不來了。當下的情勢就像戰爭即將爆發，要封關？要隔離？隔離14天？10天？當政策一聲令下，所有原本的生活都有可能被打亂。

我2月6日踏進台灣國門後不久，台灣政府就宣布只有國民才能回來，當時意識到國籍的重要。沒有健保頂多自己花錢看病，但沒有國籍就可能回不了家。我所有家當、女朋友都在台灣，如果當時沒有趕回來，就會有兩年都見不到女友，因為疫情所引發的國際分手危機不在少數。如果我可以與伴侶結婚，就能以依親方式留在台灣，但台灣雖貴為亞洲第一個同婚合法的國家，但必須在伴侶的國家也是同婚合法下才能成立。

和不能來台灣的香港人一樣，疫情期間我無法回香港，因為想念，促成了「有七間」這個企劃。選了台南七家喜歡的咖啡店合作，生產掛耳包組合寄回香港販售，讓香港朋友透過咖啡一解思念，一天一包，一星期剛剛好。疫情中大家都需要重新學習面對「時間」，

從一杯咖啡的時間開始，煮熱水、打開掛耳包、沖泡、品嚐，到學會放鬆。

我們都只擁有一副身軀，一個心靈，照顧好這兩件事，就已經很好玩。最重要是全心全意投入生活，專注、享受當下。就像曾經因為氣候因素沒有爬成北大武山，臨時改變路線爬了旁邊的日湯真山發現一樣好玩。

旅居許多經驗對我來說都是嶄新的，有時候不知道自己喜歡什麼也沒有關係，至少知道不喜歡什麼，終究會向自己喜歡的靠近。

# 檳榔園裡的
# 藝術家工作室

走進地方

INSIDE *of* PLACE

**盧昱瑞**

高雄人，畢業於台南藝術大學音像紀錄所，以捕捉影像為志業。2005年開始拍攝紀錄片，題材大多圍繞在海港生活的人，偶爾也關注老房子和文化資產等相關議題。

隨著當代建築材料的更迭演進，鐵皮屋的造型也越來越時髦多變，然而常引起我個人高度興趣的，大多是最簡單樸實的形式，而且歷經一些歲月和風雨的洗禮後，它依然以最單純的姿態屹立在偏僻的省道旁或田園裡。

就像這間位處在屏東內埔檳榔園裡的鐵皮屋——藝術家張新丕創作的重要基地。剛認識丕哥時，聽聞他的工作室座落在有點偏僻的檳榔園裡，但在進去之前會先經過一大片「夜總會」，而且他時常是傍晚才開始作畫到深夜。

或許因為知道丕哥是留法藝術家，曾旅歐十多年，並在法國、德國、奧地利舉辦過多次畫展，所以腦海裡刻板的浮現一些對於畫室的想像，如：北歐現代極簡風格或極具個人美學的空間設計等等。「其實就是一間很簡單的鐵皮屋，有點年紀的鐵皮屋。」丕哥第一次跟我提到工作室是這麼描述的。「那裡是很好的作畫環境，很安靜，附近都是檳榔園，南方熱帶的田園景色很美。」

丕哥的創作就從自身所處的土地出發，1990年代歸國後回到屏東老家，開始省思重尋這塊島嶼的藝術養分，並積極投入社區藝術的工作及台灣閒置空間再利用的先行，曾以屏東竹田車站前的倉庫做為藝術基地，並籌組「米倉藝術家協會」。

這間位在檳榔園裡的工作室，是台灣很典型的倉庫型鐵皮屋，有人字形屋頂，四周外牆還是早期的石棉瓦材質，左右兩側牆面各開四扇窗，屋頂浪板是不鏽鋼清板。工作室約10米寬，20米深，室內空間的大跨距由力霸式鋼筋桁架組構而

成，屋頂棚架設置多組十字鋼索來增強穩固效果。丕哥說除了今年的豪大雨差一點淹水進來，十多年來作為畫室空間沒什麼問題，也在這邊創作出許多精彩的代表作品。

作為藝術家的丕哥，繪畫創作裡保有許多自由的想像空間，在畫面裡同時併呈細緻的刻畫和奔放的揮灑，亦在創作手法中勇於實驗與創新，不願被束縛在固定的模式與風格中。這間位在檳榔園裡看似很不時尚的老舊鐵皮屋，正是畫筆、顏料、陽光、色彩、線條、土地、植物、雨水、思想……等複合媒材的當代前衛實驗基地。

# 親愛的柏璋

收到關於栓皮櫟的信，也覺得好驚奇，不禁想像著，樹木會擁有什麼樣的空間感受——那並非用海拔或距離所能計量，而是在一次次種子傳播過程中，偶然找到合適環境，可能的話，發芽生長，僅此而已。山巔海濱，或許在栓皮櫟的角度是沒有分別的。

橡實家族中，我最喜歡的是青剛櫟這一類，當初在森林系修習樹木學時，較老派的叫法統一稱某某「椆（ㄓㄡ）」，例如青剛櫟，教授會叫「青剛椆」，我們在觀霧服役時環繞身邊的森氏櫟，教授就會叫「森氏椆」，於是北部有鏈子椆，中部有捲斗椆、狹葉椆，南部有嶺南椆等等，現在因新的分類處理，大致都改叫某某櫟了。

椆樹其實是東亞才有的，橡實的苞片連成環狀，如同心圓般排列，葉脈整齊優雅，葉面光亮，可稱得上是亞熱帶闊葉林的代表圖像。

台北近郊也有不少椆樹，我對它們的印象是，大多生長在稜線上，是爬山到最高處才會看見的，往往是一叢叢，樹幹纖細，甚至多幹叢生，沒有中南部森林那種雄偉。這應該是東北季風的作用，頂芽不易發育，多半低矮，側芽叢生，整體呈灌木狀，與其說森林，倒不如說像精緻的園林。

我趁著有冬陽的日子，翻山越嶺，從石碇走到深坑，這海拔大約只有400公尺的稜線，正是一片低矮的椆樹林，看著稜線上的鏈子櫟，真的很像中部海拔2000公尺左右看到的森氏櫟，只是葉片邊緣反捲，這是強風下避免蒸散的外觀；這裡還有北部特有的白背櫟，這跟中部高山的狹葉櫟也相當神似，只是葉背有更多雪白的蠟質堆積——

FROM
瀚嶢
新北・新店

**黃瀚嶢**

生長於台北，在城市間隙發現觀察野地的樂趣，從此流連忘返。森林系畢業後，從事生態圖文創作與環境教育，經營粉專「斑光工作室」，靠著偶爾路過的靈光努力生存。

一樣避免蒸散的特徵，足以讓分類學者給它新的名字。東北部的丘陵森林組成，大約就像把中部海拔2000公尺的雲霧林移降下來，這是季風造成的「北降」現象。林帶降低，樹形變矮，葉型殊異，季風甚至篩選出了新物種。

植物分布並非座標能決定的，反而透過植物，我們更能體認環境的本質。

或許因為太接近平地，再加上槲樹普遍堅硬，農具木柄、軍用槍托都仰賴槲樹，北部的槲樹總顯得零星，總要走好久才遇到一群。

不禁又想，先民眼中的山林是什麼樣子呢？山頂是農具，山坡是柴薪，林底是木雕，林冠是櫟柱——若整個生活投影到森林空間中，那也並非數字所能度量的，而是人與樹木纏捲在一起的文化地圖了。

記憶中還有好多橡實森林，有機會一定要再去的。九降風中，祝冬日安好。

## 白背櫟 *Quercus salicina*

有人認為，
白背櫟就是
東北區的狹
葉櫟，但海
拔相差可達
一千五百公尺，
而白背櫟葉背也
特別白，這都是
風的傑作。

# 親愛的瀚嶢

仔細端詳你畫的白背櫟，不禁想起上個月大鹿林道東線掉落滿地的狹葉櫟。不論葉片或其他特徵，兩者外貌實在十分相像。就我的觀察經驗，在島內不同山域的狹葉櫟族群，葉背堆積蠟質的程度也有所差異，因此認同分類學者將白背櫟歸屬狹葉櫟的看法。然而，當我看見你手繪的白背櫟神韻後，原先想法卻稍稍動搖了……

讀完信，我從書架抽出北島地圖，鎖定石碇與深坑兩個端點，試圖找出你翻山越嶺的軌跡。是二格山還是皇帝殿呢？我一邊比畫，一邊想像你所描述的園林景象，努力從腦海中找尋關於這座森林的記憶片段。

走過的地方多了，記憶也跟著被稀釋，你有這樣的困擾嗎？我總是慶幸自己喜歡拍照，過去的照片時常能帶我回當下場景。就像現在，當我從十年前那趟二格山的相簿中，翻出在冬陽與冷風交織的稜線上閃著刺眼亮光的白背櫟時，秋冬季節在台北沐浴東北風的記憶突然變得鮮明，尤其當我翻到幾張葉片轉紅的青楓照片後。

如果說橡實是秋日映像，那麼楓紅就是秋末冬初的經典圖像了，雖然在多數人眼中，楓紅是秋日的代表，但那大概是被溫帶國家所影響，畢竟在亞熱帶氣候區的台灣，楓紅普遍存在12月到1月間，嚴格來說是屬於冬日的季節地景。如果把變葉植物的生理機制跟東北季風聯想在一起，便不難理解了。這讓我想起陽明山上的紅榨楓，東北風甚至把雪山山脈中海拔的楓紅元素輕鬆搬移到台北近郊。

說到紅榨楓，新竹的霞喀羅古道你走過嗎？那裡的森林形相近似大鹿林道東線，少了一些針葉

FROM
柏璋
新竹．新竹市

**陳柏璋**

熱愛山、攝影與書寫的野外咖，時常帶著相機與紙筆，在野地裡打滾整天。目前與一群好夥伴共創森之形自然教育團隊，試圖在人們心中埋下野性的種子。

# 台灣紅榨楓

*Acer rubescens*

樹，卻擁有更多會變葉的落葉性樹木，包括數量最多的台灣紅榨楓，以及青楓、尖葉楓、楓香等，使得這裡被譽為北台灣最美的賞楓祕境。回想十年前跟著保育社賞楓團第一次踏上霞喀羅古道時，硬底的登山鞋踩在紅榨楓落葉堆上，每一步都發出清脆響亮的「喀嚓喀嚓」聲，那是我永遠都忘不了的秋冬季中海拔聲景。

回想那片壯觀的楓樹純林，我不禁思索，楓樹是一群喜好陽光的樹木，在自然情況下卻不容易生成純林。霞喀羅古道的楓樹林，會不會跟100多年前日本人的活動有關係呢？從運送山砲的警備道路，到鼓勵健行的「國民練成道路」，古道上的歷史刻痕，路旁幾棵大楓樹說不定就是見證者。

要不要來走走呢？選個好日子吧，我們可以在楓紅地毯上打滾，還能尋找藏在落葉堆裡的橡實呢！

從深綠、黃綠、橘黃、橘紅到火紅，
一張張漸層畫布高掛臺灣紅榨楓枝頭上，
隨氣溫及陽光的變化而持續轉色，
再逐一飄落 把步道妝點成一道紅毯。

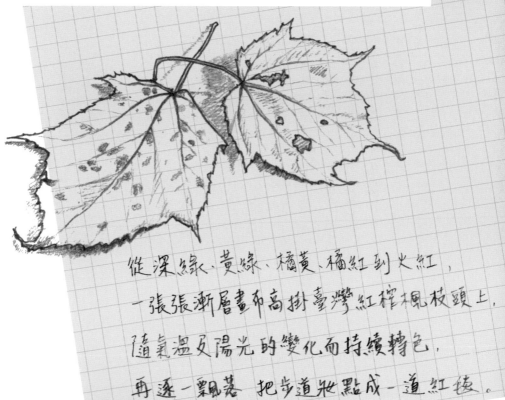

# 阿香去香港買的香眞香

**鄭順聰**
最新出版台語詩集《我就欲來去》。另有詩集《時刻表》、《黑白片中要大笑》，散文《海邊有夠熱情》、《基隆的氣味》、《台語好日子》，小說《家工廠》、《晃遊地》、《大士爺厚火氣》、《夜在路的盡頭挽髮》，繪本《仙化伯的烏金人生》。

插畫—Hui

寒流來襲，在家裡被凍得受不了，叫太太打電話訂位，來去火鍋店解饞解凍。

冷風冷雨中，一家四口衝上計程車，司機邊開車邊聽到我和兩位女兒全台語對話，其反應就是當下台灣人的SOP：喔，小朋友會講台語比日本原裝進口的壓縮機還少，很不錯啊！可以去參加朗讀比賽等等……隨後，換我反擊司機說，語言要從小學，長大後再學會怪腔怪調，台語的音韻很複雜等等……冷不防，司機丟出一枚華語炸彈，問我台語怎麼說：**阿香去香港買的香真香**。

炸彈開始倒數計時，我要在最短時間內，一一把線路剪開，若沒解正確或秒數延遲，台語自尊心恐怕會爆炸！

**第一條線：漳泉腔調**

關鍵當然在「香」這個字。

首先，我先掃描此漢字，是否有漳州腔與泉州腔的差異。沒錯，這枚炸彈刻意這樣設計，是讓人在腔調上先混淆，延遲拆解的時間。

一般來說，台灣比較通行的是香（hiong），此發音偏泉州腔，無論是人名阿香或地名香港都是。但對阿聰我這位來自嘉義民雄、漳腔比較盛行卻又混雜泉腔的小鄉鎮，香（hiang）這種漳州腔常與香（hiong）爭鬥糾結，簡直是漳泉械鬥，在以漳腔為主的地盤，常有通行的泉腔暗中殺進來。

兩種音都是對的，端看發音的習慣，兩種都不會引發爆炸。然而，就在猶豫要講哪個音之際，不知不覺就延誤了時間。

**第二條線：文白異讀**

再來這條線路，有對有錯，

拆解失敗，真的會引發爆炸。

台語的超強特質是：同一漢字，常常有「文言音」（Bûn-giân-im）與「白話音」（Pe̍h-uē-im）兩種發音，有過半的台語漢字，乃「文白異讀」。

文言音，顧名思義就是中國古籍上頭的文言文發音，是中國歷代官話的累積，又有人稱「讀冊音」（Tha̍k-tsheh-im），是讀書時唸出來的標準音。這套系統通行於中國與東亞，各方言體系大致都有。白話音，簡單說就是聊天溝通時的口語，原初為福建在地原住族群的語言，是日常時所說、比較通行的語音系統。台語的文白異讀，其差異與數量特別大，幾乎是兩種系統。

人名與地名往往是文白夾雜，因人因地而異，此炸彈的阿香與香港乃文言音，但拜拜用的香，則要唸hiunn，是在廟中點燃裊裊飄煙的宗教物件，在台灣幾乎都是說白話音，殆無疑義（在台南則盛行hionn）。

**第三條線：音讀訓讀**

最後要拆解的引信，則是描述香味的「真香」。

台語，或說漢字通行的東亞地帶，凡見漢字，都可據此字的原音來唸，文白音或各腔調都是，此為「音讀」。此外，是根據漢字的意義轉譯訓詁，據此來發音，稱為「訓讀」。

描述味道很香，形容詞大多用phang，其漢字是「芳」，也就是，此炸彈最後要拆解的引信，愛講真芳（tsin phang），很少會有台語人說真香（hiong／hiang／hiunn），這容易產生誤會，譬如你說真hiong，台語人會聽成「凶」，為骯髒、不吉利的意思。

轉回來，單就「芳」此漢字來讀，phang是白話音，文言音要唸hong，多用在人名與地名，譬如瑞芳（Suī-hong），這是「文白異讀」的脈絡。

那再進一步問：「芳」也有漳

泉腔調之分嗎？

沒有，就我所知沒有……好了好了啦！這音讀訓讀文白異讀的轉圈圈到此為止，否則這樣討論下去，怕讀此文章的讀者頭腦會自行爆炸。

**引信解除，危機再起**

快快快！炸彈倒數最後幾秒，孩子正巴巴望著我的臉，若不趕緊回答，爸爸的面子會掛不住，我教孩子台語的自信就會崩毀，趕緊脫口而出：**阿香（hiang）去香（hiang）港買的香（hiunn）真芳（phang）**。

司機回說正確，我鬆了一口氣，語氣中帶點疑惑。就在此時，太太反應說這不太對，該這麼唸：**阿香（hiong）去香（hiong）港買的香真芳**。

怎麼會這樣?!孩子的雙眼放射出懷疑的光芒，我說我對，太太說她對，我來自嘉義民雄的漳州腔，和基隆七堵的泉州腔，一言不合，就要在計程車內重演百年前的漳泉械鬥了！

計程車突然停止了，目的地到達，管它什麼香要買什麼香的，付錢後趕緊衝破冷風冷雨，火鍋店預約只等十分鐘，若遲到會被取消資格，會吃不到囉！

且讓滾沸的湯頭與沙茶的香氣，來解開身體凍僵的炸彈。

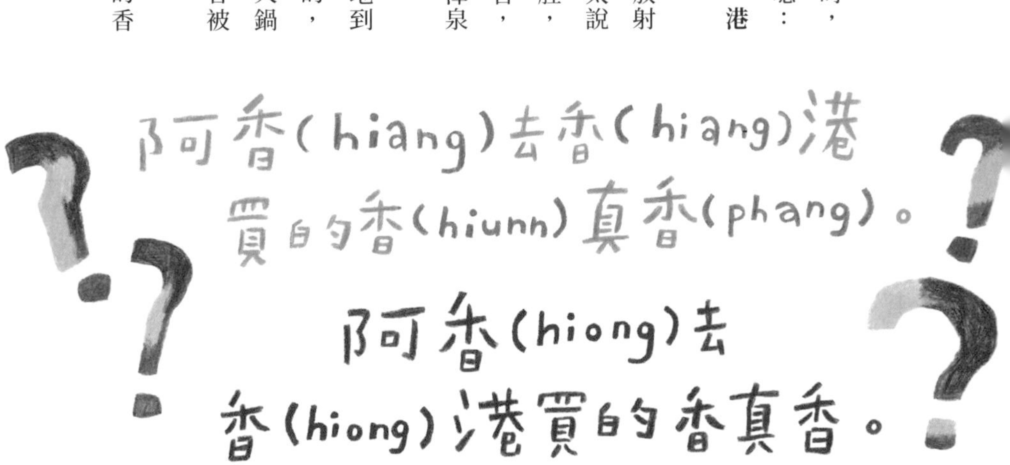
阿香(hiang)去香(hiang)港
買的香(hiunn)真香(phang)。
阿香(hiong)去
香(hiong)港買的香真香。

# 風土繫

## 不衝點閱率，只求認識這塊島中島

文字—陶維均
圖片提供—社子咱的家生活藝術節

聽到「返鄉」，通常腦中出現的是林強《向前行》的MV倒帶，行李款款從鬧熱繁華大都市風塵僕僕返回農村。從工作的縣市遷回出生的縣市叫返鄉，同縣市內的移動只能叫搬家。

然而，位於台北市的社子島，從最根本處戳穿了所謂「縣民性」的假說。

謝梅華，台北社子島人，大學攻讀新聞學系，畢業後跟隨陳碧峰和陳慈慧父女參政，決心留在這座島中之島服務大眾。從里長助理到民代辦公室主任，從最初做社區營造、辦社區報、和棒壇友人協力策動河濱公園棒球場誕生，到近年擔任富洲社區發展協會主辦的「社子咱的家生活藝術節」共同策展人。她一面在議員辦公室上班，一面協助社區協會營運，整合兩端的資源人脈，帶著協會去申請經費，也積極開創社區新穎的營造模式。無論做多少事遇多少艱苦，「有一份正當薪水，又能為生長的土地做事，在社會實踐中感受生命的價值，知道自己沒有白活」，謝梅華心中始終這麼自我鼓舞。

**陶維均**
1984年出生台北，國立臺灣大學戲劇學系畢，現從事工作囊括體驗設計、品牌規劃、地方創生、創意高齡及劇場編導、教學等領域。2019年創辦針對熟齡族群打造的線上廣播電台《有點熟游擊廣播電台》，累積聽眾超過千人。

青少年看土地的視野跟我們大人不同，我們必須去理解他們看這座島的景象。

2015年，關渡自然公園的自然地景藝術節籌辦期間，某次會議上對方策展人談到藝術家進駐社區，我提議跨到基隆河對岸的社子島，由社區協會成員自組的「社子島美學會」負責出動家庭、組成志工團來和藝術家合作。

但當我們企圖走入校園和孩子談生態藝術、環境教育和土地關懷，才發現島上的孩子竟也習慣從外界眼光看社子島，被建置了一套自卑與悲情的想像。2016年，我們開始了和關渡自然公園的三年計畫，邀請藝術家規劃給學生的秘境巡禮或跟孩子共同創作，例如用陶土捏出自家老屋的模樣並在過程中藉由耆老訪談、瞭解社子島的文史典故，或是讓孩子去記錄每家餐桌的「媽媽菜」，追溯當年社子島作為首都蔬果產銷中心的年代，社子島人自給自足的生活樣貌。青少年看土地的視野跟我們大人不同，我們必須去理解他們看這座島的景象，因為他們才是這座島未來的主人翁。

# 風土繫

雖然近年水上娛樂公司進駐而讓社子島成為市民熱門戲水景點，但因早年船難頻繁，島上長輩普遍禁止孩子親水，遊客眼中的社子島和本地人生長的社子島彷彿平行世界，甚至社子島人也用兩種眼光看自己。老世代還記得過去庄裡人人彼此熟識的日子，柑仔店和小吃店就是人情味的加油站，好運共享壞運互助，許多長輩至今仍保有每天定時定點聚會吃飯的習慣；新世代則有許多是隔代教養或經濟弱勢，跟社區連結不若以往農耕社會來得強大，讀的也非外人口中的升學名校，對這裡的印象就是媒體上的爭議與抗爭之島。

謝梅華希望藉由舉辦藝文節慶，跳脫傳統頭人文化，讓青壯世代有更多參與社區公共事務的管道。２０２０年，富洲社區發展協會結束與關渡自然公園的合作，決心自辦藝術節，開啟新的社子島三年計畫。２０２１年，「社子咱的家生活藝術節」以「向望」為主題，把作品放置在島上居民來往行返的公車站、集會點等場所，呼應著社子島密麻的廟宇錯落與經典的信仰文化，也傳達社子島人「在困境與限制之下仍然期盼著、向望著安穩美好未來」的心情。

辦藝術節，我們不期待衝高點閱率，而是要大家關心在地事務。

過去大家認為藝術是中產階級在玩的，但現在風氣變了，藝術可以進入社區、和民眾玩出不一樣的火花。對社區而言，藝術成果不是最大重點，而是希望過程中凝聚社區力，從藝術角度讓大家看到社子島自然生態、社區人情和廟宇文化之美，勇於去思考、敢於去表達自己的向望。

向望，就是心中有個願望但不敢跟人講，只敢小聲對上天許願。我們希望讓社子島的大家勇敢說出心中向望，試著讓其中幾件事成真；我們也希望培力社子島青年返鄉，讓孩子對故鄉有黏著感、有自信地活著。辦藝術節，我們不期待衝高點閱率，而是要大家關心在地事務，留在島上創業的優秀人才能被看見，讓無論是因婚嫁、求學還是工作旅居在外的社子島人有機會回來看看大家，認識這塊我們生長的土地。

這次藝術節籌備期間正逢疫情侵擾，協會轉而透過網路線上蒐集大家心中向望：一位高中生留言，他從小跟著阿公在廟裡長大，特別崇拜陣頭文化，自製了陣頭模型，甚至還出陣到別的廟當志工只為學習陣頭，向望要幫社子島廟舉辦陣頭，讓傳統的忠孝節義發揚光大；一位媽媽留言，談到在家庭和工作間逐漸失去的自我，向望能在生活中取得平衡、往自己設定的幸福路上前進；一位阿公留言，因為疫情，好久沒和朋友在村子裡聚會吃飯，向望疫情趕快過去、能快樂吃喝的那天趕快到來……

這是社子島人的真實日常，是新聞報導少見的真實向望。世上人千百種遭遇千百次處境，改變心境最終選擇的背後多少苦外人千百個不知道，或許旁觀者清但旁觀者也只清談，輕輕彈幾下鍵盤、敲幾個字出來笑罵嘲諷然後各自過活，畢竟事關利益者多，要是好解決的話不會每四年大選都被拿出來。

能否繼續跟心愛的人、住在心愛的土地，保有我們所愛的文化與生活。

我們也沒想過會收到那麼多令我們感動的內心故事，這些是社子島人的真實，不是媒體口中渴望一夜暴富的投機份子。雖然今年藝術節還在辦，但我們已經開始規劃明年的主題是「感謝」；不管未來的社子島會變成怎樣，都感謝它是許多人先先後後共同努力的結果。

現在回想起以前在社子島亂走亂竄、做社區報的青春年少，時常在島上不同的地點穿梭時間和過去的自己相遇，靈魂血肉共振，原來我們走了這麼遠。社子島３００年來沒有好過，天災人禍都是挑戰，但裡面的人始終堅強在過日子。我們不在乎住的是曼哈頓還是威尼斯，而是能否繼續跟心愛的人、住在心愛的土地，保有我們所愛的文化與生活。

# 生活法則

Vol.4

## 跟著草山魯蛇，拜見湯神奇遇記

文字、攝影──高耀威

拜訪秦政德前，我有些先入為主的幻想畫面，深居後山一心一意做著「那些事」的人，想必是一位狂放不羈、長髮飄逸的野男子，就像武俠小說裡叼著菸，炯炯眼神藏匿在飄渺煙霧後，睥睨著江湖的出世高人。

然而，這汲汲營營的社會，還能有這樣的人存在嗎？

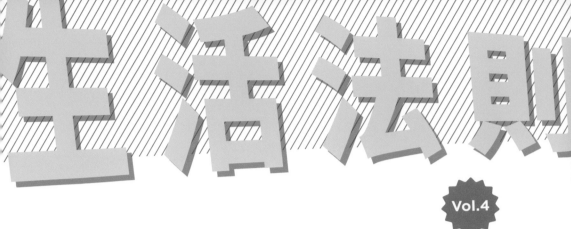

# 大笨蛋

身為魯蛇也能擁有湯屋

碰面那天，政德兄，穿著規矩標準的輕便登山裝，戴著鴨舌帽拄著登山杖出現，客客氣氣的領著我前進，沿途小心翼翼地叮嚀我：「穿著拖鞋走山路要特別小心！」我跟著他的背影，前往他開墾的秘境。10歲時，男孩的秘境在蓋著棉被的桌子底下，20歲時在城市深處的咖啡館裡，30歲時在遙遠的海灘邊際，在那之後，一點一點，秘境逐漸崩毀殆盡，而近50歲的政德兄，還能帶我去哪裡？

「不好意思，我們現在要爬越這個欄杆，是非法闖入，可以嗎？」秘境總算開始了。

一步步穿行濃草掩蓋的小路，跨越幾處玻璃碎片，政德兄停下腳步，我抬頭望去，如碧玉般瑰麗色彩的露天溫泉湯池浮現眼前，這是政德兄順著溢出的溫泉水路，一個人獨自挖鑿開的野溫泉，他說這湯的顏色，就是台灣的顏色。眼前這處只是其一，沿著山路而上，共有七處，他將之名為「七星湯」，藉以幽默遙敬「七星池」，取名不為了博取世人的視聽而大放異彩，七星秘境只為了博君一笑感同身受。我

nd that's OK.

跟著他的腳步逐漸揭曉各處野湯，詫異之餘，忍不住探問他，挖掘湯池的內在動力從何而來？

「有一次看到豪宅廣告，文案寫『一個成功的男人，一定要有一個屬於自己的湯屋』，我就想，那我身為一個魯蛇，可不可以也有自己的湯屋？」，政德兄客客氣氣理所當然的這麼跟我說。

## 把世界的苦楚化成浪漫

順著溫泉業者的敗絮其後、慾望交錯的管線繼續往源頭而上，政德兄翻開一處乾枯雜草，一個迷你又悍然獨立的石碑出現，石碑上寫著「湯神」，我有種不知穿越什麼來到異世界的恍惚感。

政德兄不疾不徐地從登山背包中掏出線香，遞給我說「不介意拿香的話，就拜一下吧」，然後又再拿出雪花餅，放在石碑前給湯神享用，不只爬越欄杆違法，立碑也違法，但我完全能夠理解，這些事並不是為了挑戰法治而做，這是一封難能可貴的情書，把內心的苦楚化成溫柔的情詩，恭謹堅定的遞給世界的一種浪漫行動。

除了位於高處掩蔽存在的「湯神」，每一座野湯都有自己的名字，「未來泉」、「忘湯」、「思鑑」……這天我不只穿著夾腳拖，還穿著海灘褲，完全是有備而來，此時已經達到醍醐灌頂的地步，怎能不好好親身浸潤其中呢？於是我脫去上衣，泡入「苦彈」池，獨享

**高耀威**
40 多歲的人，著有《不正常人生超展開》一書，目前經營兩間店，一間是位於台東長濱的書店「書粥」，一間是在台南的共同工作室「白日夢工廠」，每月底會營業幾天「寂寞食堂」，持續練習另一種活下去的方法。

野溫泉的野生浪漫與幽默反思。

## 平衡過熱世界的信手

泡完時間聊，政德兄知道我對閒置空間有異常的興趣，便決定帶我去山內的空屋探索，寸土寸金的北台灣草山，閒置空屋好比無人野湯般珍貴難得，我們拜訪兩處侘寂日式平房，人跡褪去後，不因人而廢的花窗依然透露燦爛光影，空間內有野猴來過的蹤跡，我們暫借戶外陽台談話。

政德兄熟練如常地從登山包拿出蚊香，他在草山一邊做著這些提問般的行動，一邊賣明信片維生，偶爾有機會在美術館發表作品，離開就讀的大學美術系之後，30年來一直沒有離開草山，蹲踞在山裡，鑿開世界的縫隙窺探，邀請朋友們參與見證。

我想起那個秘境探索的下午，當我試圖體驗稍微熱一點的「思鑑」時，政德兄說要幫我「加點冷水」，隨手拿起路邊的斷殘水管，接引順流而下的低溫泉水，導入「思鑑」以達到降溫效果，我看著他信手拈來的這一幕，知道這就如同他平衡過熱世界所做的一切，了然於心深深敬佩。

# 脫掉迷彩服，用物產放送金門風土

文字、攝影—張敬業

提到金門，很多人第一印象是「戰地金門」，是高粱、貢糖、菜刀……這些與過去十萬大軍駐紮的金門有著最直接連結的印象。

我坐在飛往金門的班機上，試想著在成為國防最前線以前的金門，是一個什麼樣的地方？吃哪些食物？說著與海那邊的泉州、廈門一樣口音的閩南話，彼此之間是如何交流？大部分的問題與思考，都在飛機降落前留在雲端，因為此行最大的目的，是拜訪擁有最多金門物產的選品店——村復號。

片提供／原間影像工作室朱逸文

**張敬業**
2012年返鄉成立「鹿港囝仔文化事業」，透過社區參與的方式重新認識家鄉。2015年籌辦今秋藝術節，讓人們重新對鹿港有新的想像。近年著重地方青年培力，計畫建構返鄉及移住青年的地方支持系統。

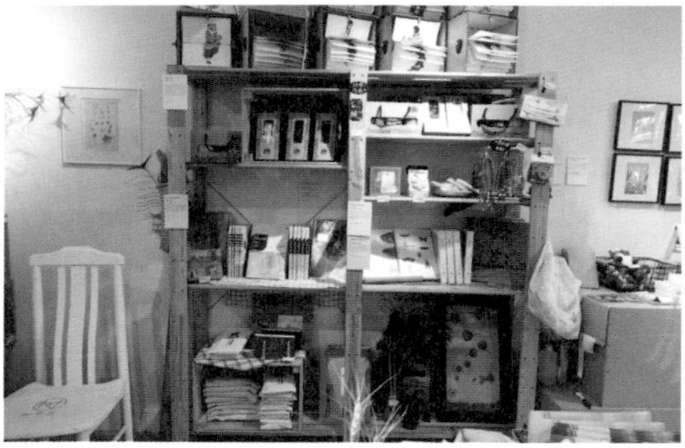

## 金門島上的生活想像

「村復號」以村落文化復興為名，透過風土物產的選品，增加人們除了戰地金門的印象之外，能有生活金門的想像。

店內商品以時代及文化意象製作而成的文創商品，讓來訪金門的觀光客能帶回旅行的回憶，如金門水產試驗所以金門特有的水獺、鱟等水域動物開發的可愛布偶，重新設計包裝的營養口糧、軍管時期蓋的莒光樓等地標模型，還有戰地印象的文具、用品。當然也有金門地產的昆布、高粱米酸高麗菜、還有春秋兩季不同風味的蜂蜜等物產，都能在店裡找到。

村復號最重要的任務是形成一個介面，在生產端讓生產者與設計師產生合作交流，再進一步優化包裝、重新設計符合市場需求的商品型態。消費端有實體店面展售及線上商城，目前架上有200多種金門主題的商品。不過如果只是介紹一處選品店，那就太偏離這個專欄的核心價值了。

## 重新看見聚落生活的價值

此行大老遠跑來金門，其實也是為了祝福金門友人——王苓喜獲龍鳳胎，而村復號的故事，正好可以藉由她的留鄉故事說起。

王苓多年前回到金門從事研究工作，之後與學習博物館專業的姊姊，共同在後浦街的一處街屋成立

「敬土豆工作室」，開始透過策展為金門說故事，這個地點也就是現在村復號的位置。2014～2017年學音樂的小妹也參與，透過在島上古聚落間舉辦的「土豆音樂祭」，讓她們重新看見聚落生活的地方價值，也凝聚了更多青年的能量，藉此延伸出「村復會」的原始發想。

後來她們與移住到金門的建築師書毅、秀秀組織了村復會，發展出有別於地方宗族以地緣、血緣為主的網絡，創造讓新的群眾可以透過更多元的方式走進地方。儘管後來姊姊與妹妹因生涯規劃離開金門，而王苓也隨著來自北京的先生及初到人間的孩子們，與金門的羈絆越來越深，開始認知自己留在島上的角色更顯重要。

## 與地方建立關係的節點

在成立村復號之前，敬土豆成員也曾利用武廟旁的空間開設「後浦泡茶間」，一時間也經營出不一樣的金門夜生活。也因為泡茶間的經營，才接觸到因接案來金門生活的夥伴珈妤，讓團隊成員陸續到位。

目前團隊的分工，主要由書毅負責店鋪空間規劃、珈妤負責現場零售及農業物產採集、王苓負責文化性產品開發及行銷公關的角色。重要的是，一間用物產講金門故事的實體店鋪，能接觸到有意與金門建立關係的青年，像我在青發署計劃所輔導的青年團隊，就是透過村復號團隊引導，得以順利推廣為金門設計的桌遊，以及後續的成果展覽，而更進一步思考來年有計劃地留在金門發展，當然這也是我此行一兼二顧的原因之一。

也因為有一個實體據點及多年留鄉的發展經驗，團隊很清楚知道地方的資源及人際脈動，像拜訪這天珈妤帶我到鄰近的「蓊蓊書店」用餐時，就當面關心起同為返鄉青年的書店老闆最新動態，彼此交換情報，一種知道彼此狀態，有機會就互相支持的網絡，就在這樣的日常寒暄中建構起來。

這次短暫的金門快閃，雖然一兼二顧跑了很多行程，但也觀察到相較於2019年初次拜訪時的金門，開始有越來越多不同領域的青年投入地方工作，開著不同的店，為地方提供更多選擇。而村復號會像那位一直都在的老朋友，如同扎了根的大樹，牽起我們與金門的羈絆。

LOCAL NOTE

【成立年份】
2020年
（5月試營運、9月開幕）

【團隊成員】
1位正職、2位兼職、
1位負責人

【成員分工】
陳書毅：村復號負責人，負責展售空間設計
王　苓：文化性物產接洽、行銷、公關
劉珈妤：農業物產、食農教育、店面管理
李　得：電商後台管理、農產加工研發

【主要業務】
零售、電商、體驗行程、課程規劃

【收入來源】
實體展售、電商、物產批發

# 勝手に姉妹鄉

姉妹鄉

勝手に

## 茶產地的青年復興陣隊

企劃、翻譯、文字—蔡奕屏
圖片提供—嬉野茶時、新茶世代

今年年初，因緣際會認識了佐賀縣的「嬉野茶時」，看到他們復興茶產業的各種創新手法，除了耳目一新地令人驚艷之外，更立刻讓人聯想到在坪林茶產地的青農團體「新茶世代」，當下就立即跟「嬉野茶時」的朋友分享「新茶世代」的影片，他們訝異原來台灣也有一群年輕的茶農朋友，正在嘗試許多有趣的發想。

新茶世代
嬉野茶時
勝手に姉妹郷
協定宣言書
台湾の「新茶時代」と日本の「嬉野茶時」は、
日台友好の愛と信頼に基づき、
交流を図り、太平洋地域の共同繁栄を目指し、
希望に満ちあふれた明るい未来を創造するため、
勝手な姉妹郷」を結ぶことを合意する。

**蔡奕屏**

因為2019年開啟的日本地方設計師採訪計畫，而開始了和日本大小地方的緣分，並在最後集結成《地方設計》一書。目前續篇《地方ＯＯ》籌備中。

那天在副島先生的天茶台，望著層巒的茶園美景，就約定好一定要找機會介紹雙方認識、交流，因此這次的姊妹鄉，便是為了完成當時約定的心願。

線上交流會那天，完全是台日兩地的「茶文化交流＋品茗高峰會」，雙方的茶葉種植、沖泡經驗都是專業等級，所以交織出來的經驗分享也是超脫凡人層次，大概是姊妹鄉交流會有史以來知識濃度最高的一次。有鑑於茶葉專業內容非內行人容易看得霧裡看花，因此節錄較平易近人部分，和大家分享這場茶文化高峰會中有趣的台日觀點。

新茶世代
嬉野茶時

勝手姊妹鄉
協定宣言書

台灣「新茶時代」與日本「嬉野茶時」，
基於台日友好之愛與信賴，
為增進太平洋地區的共榮，
深化兩地之鄉村共好，
以共創宇宙間充滿希望與夢想的光明未來，
特此簽訂「勝手姊妹鄉」宣言。

台灣
新茶時代
（簽字）蘇威儒

日本
嬉野茶時
（署名）北川健太

勝手見證人
台日姊妹鄉媒人 蔡奕屏 & 台日姊妹鄉產婆 董淨瑋

2021年 11 月 10 日

## 紀念品開箱 Unbox!

為了讓台日雙方團體認識彼此，線上會面前特別邀請兩方相互寄送紀念品。

台灣方
**新茶世代**

由「坪林青年茶業發展協會」所發起，以推動坪林茶產業文化加值與技術提升為宗旨，透過製茶研習、品茗交流、行銷推廣讓更多人認識坪林茶業，同時傳承在地文化，藉由青年力的注入，為茶鄉創造更多可能。

**【創立】**2017年
**【聯絡代表】**企劃總監蔡威德
**【成員組成】**坪林茶農與相關產業夥伴約40位

**坪林茶糖**
由台灣第一家把包種茶粉製成茶糖的店家所做，茶糖有坪林的包種茶口味和蜜香紅茶口味，特色是加倍的茶粉，以及健康取向的減量糖量。

**「新茶世代」團隊T恤**

**「新茶世代」**
**2021年茶禮盒**
此次贈送日本朋友的茶品是由團隊中33歲的年輕茶農吳柏諺所製。

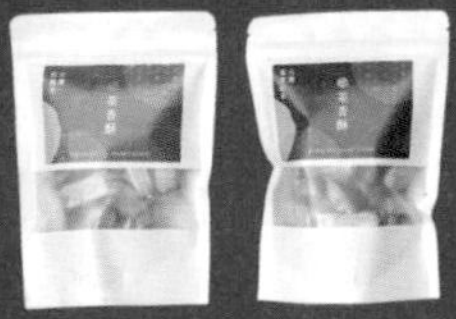

**台灣茶品鑑時所用的專業茶具**

**坪林茶酥**
口感類似台灣傳統花生貢糖，但是加入坪林當地包種茶粉、蜜香紅茶粉的創新茶酥。

**台灣方補充｜吳柏諺**
這次贈送的「新茶世代」茶禮盒，是由我所種植、烘培的茶葉喔！我們的文山包種茶要用沸騰的熱水沖泡喔！

**日本方試喝代表｜二郎桑**
文山包種茶的花香味好驚人！這是一款為了讓大家體驗香氣的茶品吧！？

**日本方試喝代表｜北川桑**
都是茶葉，但原來日本和台灣的茶可以有這麼大的不同！好期待未來嬉野茶能和坪林茶有更多collaboration！

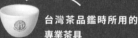

日本方
## 嬉野茶時

位於日本佐賀縣嬉野市的「嬉野茶時」，是個結合當地茶產業、溫泉產業、陶瓷產業的行動團體，於2016年開始以「嬉野茶」為主軸，搭配肥前吉田燒的器皿、以及溫泉旅館的空間，加乘出多種「Tea Tourism」的企劃。

**【創立】**2015年集結、2016年開始各式計畫與行動。目前是自主團隊，未來計畫成立公司組織
**【聯絡代表】**北川健太
**【成員組成】**由七位嬉野茶農為核心，加上數名當地溫泉旅館社長、陶瓷器職人夥伴

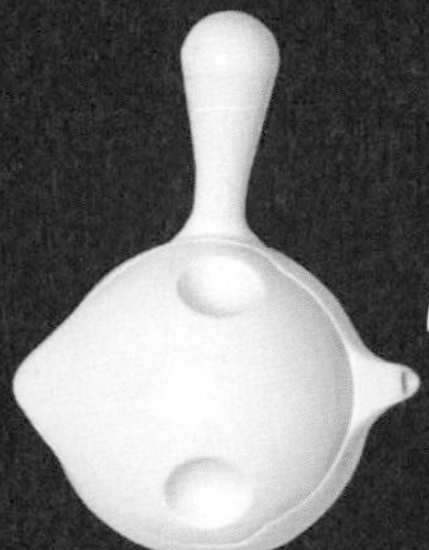

**嬉野茶時團隊獨家開發的茶壺**
球型的造型是來自嬉野茶的正式名稱「玉綠茶」（日語的「玉」有「球、珠」之意）。另外考量手握與清理茶葉的方便，在把手與壺身上有特別的細節處理，也因為不使用茶海而是直接把茶湯注入茶杯壺嘴特別的小。

**嬉野茶寮（白色）**
集結嬉野茶時團隊中七名茶農的新茶所調和的招牌綠茶茶品。

**舞（藍色）**
這款由永尾裕也桑所主持之茶園「永尾豊裕園」的茶葉研磨的茶粉，除了直接飲用之外，更可以加入冰塊與碳酸水調製成創新茶飲。

**花（黑色）**
來自副島桑所主持之茶園「副島園」的烏龍茶。

**幸（橘色）**
來自茶農北野秀一桑所主持之茶園「Kita茶園」的有機紅茶。

**台灣方試喝代表｜蔡威德**
過去在日本喝的茶苦味和青味都比較偏重，但嬉野的茶非常甜、溫和、好喝。

**日本方補充｜副島桑**
和台灣茶葉多用沸水沖泡不同的是，日本的茶品追求特殊的「甘味」，因此建議以較低的水溫沖泡，舉「嬉野茶寮」茶款來說，最佳溫度是約60度。

**線上會面**
**Start!**

| Online Memo | 時間 | 主持與翻譯 | 線上與談人 |
|---|---|---|---|
| | 2021年10月底的深秋之夜 | 姊妹鄉媒人蔡奕屏 | 【台灣方】<br>新茶世代企劃總監蔡威德（阿德）、坪林茶青農（吳柏諺、陳偉毅）、茶糖工廠年輕老闆、坪林在地夥伴4人<br>【日本方】<br>嬉野茶時代表北川健太（北川桑）、資深茶農副島仁（副島桑）、年輕茶農松田二郎（二郎桑）3人 |

## 最有興趣的是茶葉蛋？

◆阿德：初めまして（初次見面！）先跟大家介紹一下我們所在的坪林，坪林是台灣的包種茶鄉，曾經是台北至宜蘭的必經之地，但因為2006年雪隧開通之後人潮銳減，同時又因為水庫興建整區成為水源保護地，限制了坪林的商業發展，也導致了青年外流的課題。

我其實不是在地人，是因為當時寫碩士論文因緣際會來到坪林，結果從2013年開始在這裡租下了房子，之後和當地的茶山青農認識還一起組成了「新茶世代」。

這幾年，我透過吸引年輕人的打工換宿擾動地方，也舉辦工作假期、地方小旅行，和地方老街的店街合作，2015成立茶點品牌，2019年在老街上開了茶餐廳「坪感覺」。

■北川桑：剛剛老街店家的活動照片中，有看到叫做「茶葉蛋」的東西，那是什麼呀？

◆阿德：這是用茶葉和漢方滷包滷製的雞蛋，其實台灣的便利商店每一家都可以買到茶葉蛋，但我們坪林老街的店家有特殊的堅持，一定要滷三天。是說，日本的便利商店沒有賣茶葉蛋嗎？

■北川桑：沒有沒有，好好奇喔，真想吃吃看。

■茶農夥伴：對呀，好好奇喔，好想知道怎麼做。

◆偉毅：好意外大家是對茶葉蛋這麼有興趣，不然下次寄茶葉蛋滷包去嬉野好了。

◆阿德：說到茶葉入菜的料理，坪林這裡還有炸茶葉，像是茶葉天婦羅，我們店裡也有坪林茶粉製作的包種提拉米蘇。

■北川桑：哇，茶葉天婦羅！

## 共同的世代衝突與溝通

◆阿德：2017年開始，現在我們「新茶世代」的會長，因為對於當地茶產業的凋零有強大的危機感，因此回來坪林種茶的二代、三代茶農開始聚集起來，希望能透過打出自家品牌、採茶體驗活動的方式，來拉高茶葉的價值、翻轉過去因為批發給中盤而利潤過低的問題。一開始這個團體只有十多位成員，現在則是成長到38位的團體，就像是一個互助的支持團體，因為年輕人回來接班，想要打破一些過往批發的問題而轉向自創品牌時，常常都要跟上一代強烈地溝通、甚至吵架，因為有這個團體，我們就能互相分享經驗。像是過去製茶的技術也是各家的機密，大家不會互相分享，但我們現在就是能互相分享經驗、互相支持鼓勵。

■北川桑：嬉野也是這樣，我們的夥伴都經歷了一番吵架、互相溝通的過程！

■北川桑：我們嬉野這裡最特別的是有500年歷史的嬉野茶、還有1300年前開始湧出的嬉野溫泉、還有400年歷史的肥前吉田燒（陶瓷），過去這三個產業都是各自發展，但到我們這個世代發現三個產業都漸漸開始遇到相似的問題，像是後繼者不足等，因此我們「嬉野茶時」就是希望能夠結合起來，一起開創新的可能。

我們最一開始是在2016年開始舉辦「嬉野晚餐會」，在溫泉旅館裡以「由茶開始、由茶結束」的料理餐單，並搭配餐會專用的「肥前吉田燒」器皿。

那之後因為餐會反應不錯，所以陸續開展許多以「Tea Tourism」為系列名的各式企劃，像是在戶外茶園的茶會、在旅館設置的茶酒吧「茶寮&Bar」和「Tea Salon」；和當地自行車店一起合作推出的「Tea Cycling」；另外還有最頂級的「Tea Butler」，也就是「茶泊」，是所有茶體驗裡面最頂級也最極致的服務，內容是來到溫泉旅館的每一組客人都會配置一位「茶師」，這位茶師就會在這兩天一夜裡，為每一道料理、每一個時刻選用並親自調製茶品。

◆坪林在地朋友：哇，看到這些茶相關的有趣企劃，讓人超想要現在就立刻衝去嬉野啦，尤其是那個茶酒吧！

## 小量產地的挑戰與新方法

■副島桑：日本一年的茶產量是800萬噸，但嬉野只產1200噸，和靜岡、鹿兒島等茶葉的大產地比起來，嬉野真的是一個非常小的產地。

◆阿德：坪林也是，和台灣其他南

投、中部的茶區比起來，坪林的產量也是相對少的。也因為我們的量沒那麼多，因此我們就需要透過不同的方式來做出市場區隔。所以我還滿好奇嬉野在這樣量少的現狀，是怎麼做出因應的？

■北川桑：過去我們主要就是賣「茶葉」本身，所以就是賣給批發商、賣給百貨公司，但我們現在不只是「賣茶」，更是透過空間與情境的全面營造、服務的加值，由賣茶葉轉而提供茶相關的空間與時間。過去只是賣茶葉，茶的單價非常低廉，現在我們希望接下來這些努力種植出來的好茶，能有更好、更可持續性的發展。

■副島桑：對，所以我們現在鎖定的目標是要做出高品質的茶，也就是價格稍微有點高，但品質絕對高的茶，活動也是，像是戶外茶室的參加費一人是1萬（日圓）、餐會的話是3萬（日圓）、「茶泊」的話是15萬（日圓）。雖然目前並非嬉野全茶區的茶農都是走這個路線，但我們希望接下來這樣的方向能有更多嬉野的茶農夥伴一起加入。

■北川桑：當然，除了比較高單價的活動之外，也有比較平價的「嬉野茶寮喫茶組合」，這就是有茶加點心的套餐，一個人是800（日圓）的價格帶。

**朝向有機耕作的難題**

◆柏諺：還滿好奇嬉野的朋友對於有機耕作的看法，大家會在意嗎？

■副島桑：在嬉野的茶幾乎都不是有機耕作，有機的茶非常的少，大概只有整體的2~3%左右。

◆阿德：跟我們坪林很像。

■副島桑：坪林的朋友覺得「有機」是必要的嗎？

◆在場的青農朋友們：（長嘆一口氣，苦笑）呵⋯

（台日雙方相識而笑）

■副島桑：我們這邊也是苦笑的狀態。呵⋯。

◆阿德：應該這麼說吧，一般來說做慣行農法的話，比較能有足夠的經濟價值，但我們這些年輕人回來也是希望未來可以走向少用農藥、友善環境的方式耕種。但說真的，要走到完全有機還是有很高的難度。

## 團體戰與個人戰同時並進

■北川桑：「嬉野茶時」的團隊裡除了像我這樣的溫泉旅館主人、還有陶瓷職人之外，目前有七個茶農朋友。我們大家除了一起以「嬉野茶時」這個名稱辦活動、推出產品之外，茶農朋友們也各自推出自家品牌。像是我們團隊中28歲的二郎桑，之前在副島桑的茶園裡進行了五年間的修習，去年畢業之後以「茶屋二郎」的品牌名創業，今年開始和當地的鐵板燒店家合作，在店內開設特別的茶酒吧，也擔綱茶酒Bartender。

◆阿德：坪林也是，我們這個協會成立至今大概三年，裡面有許多青農也開始成立自己的品牌，目前大約有八個品牌出現。那也因為這個協會，大家能夠有機會交流許多自家品牌經營的經驗，像是產品包裝、行銷方式等。

◆柏諺：今天和嬉野的團隊交流，真的讓人非常想要去嬉野拜訪、參觀。

■北川桑：我們在嬉野等大家，另外我們也非常想去台灣呀。

◆阿德：不知道一年當中什麼時候去，比較能看到大家做茶的樣子？

■二郎桑：我是最推薦秋天，但話說回來坪林的朋友也是同樣時期要採茶吧！

◆柏諺：對耶，坪林和嬉野兩地的採茶時間似乎滿接近的。但沒關係，雖然10月開始之後要採茶要農忙，但我們可以在9月的時候去！

**媒**：太棒了，期待這次的線上交流會是一段交流與友誼的開端，那我們就先約定疫情過後到時候嬉野和坪林見啦！

## 會後悄悄話

**台灣方代表｜阿德**

與其說是「姊妹鄉」，坪林和嬉野更像「兄弟鄉」！

一講到世代溝通和產業前景，彼此都心照不宣，此外，嬉野與坪林都是中小型的茶區，同樣面臨人口凋零，以及如何與大型產區做出差異化的窘境。

從交流之中我們看見，嬉野茶時透過地方的整合，將在地陶瓷、溫泉、茶等三個產業作精緻化的體驗服務，無論是場域視覺的呈現、沉浸式品茗體驗以及儀式感的器皿設計，都不斷讓我們驚豔。

經由這次的交流，我們看見了地方更多的可能，也期待未來能和青農們一起將坪林茶持續傳承，並推向世界。

**日本方代表｜北川桑**

交流會後，我們都對於和坪林的朋友有著相似的煩惱，一方面驚訝、一方面又有點開心，像是世代間的親子溝通、要不要實行有機農法的難題等，原來都是超脫國界的共通課題。

另外，也深刻感受到日台兩地茶品的不同與特色，因此我們也在想，未來的「Tea Culture」，或許可以像咖啡文化、紅酒文化一般，開展出跨越國界的茶文化。我們非常期待，未來和坪林能有更多聯名的活動合作，因此我們已經構思要在未來的餐會、茶席裡加入坪林朋友們的茶了！

地味手帖【09】

# 街區一直在——地方生活感的來處

主編 —————— 董淨瑋
編輯顧問 —————— 林承毅
特約行銷 —————— 魏曉恩
封面設計 —————— 廖韡
內頁設計 —————— Debbie Huang

社長 —————— 郭重興
發行人暨出版總監 —————— 曾大福
出版 —————— 裏路文化有限公司
發行 —————— 遠足文化事業股份有限公司
地址 —————— 新北市新店區民權路108-3號8樓
電話 —————— 02-2218-1417
傳真 —————— 02-2218-8057
Email —————— service@bookrep.com.tw
客服專線 —————— 0800-221-029

法律顧問 —————— 華洋國際專利商標事務所 蘇文生律師
印刷 —————— 凱林彩印股份有限公司
初版 —————— 2021年12月
定價 —————— 380元

Printed in Taiwan


街區一直在：地方生活感的來處/董淨瑋主編. -- 初版. –
新北市：裏路文化有限公司出版：遠足文化事業股份有限公司發行, 2021.12
面； 公分. -- (地味手帖；9)
ISBN 978-626-95181-2-8 (平裝)
545.0933　110019232